Doris Mock–Kamm

Schwarz wie die Nacht

Gedichte

Inhaltsverzeichnis

Abschied ohne Wiederkehr..................4
An der Straße........................6
Auch wenn ich mich drehe und wende..................8
Auf meiner gelben Gartenbank..................10
Aus der Enge geboren..................11
Catherines Liebelei..................13
Da geht's lang..................15
Das Kri- Kra- Krokodil..................17
Deine Nafia..................19
Der Blick aus dem Fenster..................21
Der Fischfang..................23
Der Floh..................25
Der Flucher..................26
Der Weg..................28
Der Welt entrückt..................30
Die Augen keine Tränen mehr..................31
Die Furcht..................32
Die gewonnene Wette..................33
Die Mühsal der Wenigkeit..................35
Die Sprache kommt nicht mehr zurück..................36
Donnergrollen ohne Untergang..................38
Du bleibst ein Ich..................41
Egons Liebe..................43
Ein Nein vom Liebsten darf nicht sein..................48
Entspannung..................49
Es klappert am Ohr..................51
Flattert ruhig im Wind..................52
Fliegen..................53
Flucht aus dem Paradies..................54
Flügelpaare..................55

Fotos im Botanischen Garten	56
Gedanken ziehen lassen	58
Gedankentropfen	60
Gedankenverlorene Erkenntnisse	62
Gefühlsdiebe	63
Haste mal Feuer	65
Heim – Rast des Aufenthaltes	67
Hinter der Fassade	69
Höhlenwand	70
Hört keiner die Schreie	72
Ich bin ein Fisch	73
Ich hab einen	75
Identitäre Demagogen unerwünscht	76
Im Aquarium	78
In einer Mondnacht	80
Ins Gesicht weht der Wind	82
Isabell	84
Jammern	86
Kartenspiel	88
Kein Interesse	89
Keine Angst	90
Keineswegs immer nur freundlich	92
Kleine unscheinbare Maus	94
Libelle	96
Lichter der Stadt	97
Liebe überdauert alle Zeit	98
Lucinde auf Kur	99
Manchmal denke ich	101
Menschsein	103
Mondkalb	105
Nachts im Schaufenster	107
Neues Leben	109
Nie mehr allein	111

Nie wieder Krieg, Papa!......................................113
Ruhelos des Nachts...114
Rumpelchen und Rumpelstilz............................115
Schwarz wie die Nacht...117
Sei dein Kind..119
Sicherheit...121
Sie sind weg..123
Silberfäden im Haar..124
Sing mir ein Lied...126
Soldatengräber...128
Sonnengrün und schattengelb............................130
Süffisant und Arrogant..132
Susi und Marie..134
Treue..135
Vaterlandsliebe auf Abwegen.............................137
Verwerflichkeit hat mich eingeholt.....................139
Was kann ein Mensch dafür................................142
Wenn der Rahmen runterfällt..............................146
Wenn Wörter tanzen vor Glück..........................148
Winter 2013-2014..150
Wir zusammen...151
Wut in Mut gestählt..153
Zeit totschlagen bedeutet, Zeit zu befreien.........154
Zinnoberrote Küsse...156
Zugfahrt..158
Zwielicht der Romantik..160

Herstellung und Verlag:
BoD - Books on Demand, Norderstedt
ISBN 978-3-7412-8867-8

Abschied ohne Wiederkehr

Der endgültige Abschied ohne Wiederkehr,
nicht die Schuld vom morgendlichen Verkehr.
Keine Krankheit hat das Leben ausgehaucht,
die gemeinsame Zeit war einfach aufgebraucht.

Was es die letzten Tage noch zu erzählen gab,
bis es still und kalt wurde wie an einem Grab,
waren wie durch Nebel laute verschluckte Worte,
kein Erkennen mehr an übereinstimmende Orte.

Selbst Nähe war nur wie weite Ferne zu spüren,
nur die Empfindung von luftleerer Kraft berühren,
ähnlich dem Effekt des Klopümpels, der Saugglocke,
die Herzen, das Sein glich einer wasserleeren Wolke.

Drum gab es kein Flennen, kein Bitten, kein Weinen,
kein Schmerz, keine Trauer mehr miteinander zu teilen.
Keine Abschiedsworte erfüllten diesen Zwischenraum,
Unter- und Überdruck hinterließen Spuren von Schaum,

der vielleicht in weiter Zeitenferne Erinnerungen weckt,
an einen Teil der Vergangenheit, die das Sein mitgeprägt.

Die Sterne des Nachts, der Mond am Himmel, Kometen,
endgültige Abschiede ohne Wiederkehr, mitunter vonnöten.

An der Straße

Wieder einmal wie so oft stand sie einsam an irgendeiner Straße,
die anderen konnten und wollten nicht verstehen ihre Sprache.
Sie dachten ihre Liebe, Zuneigung und Freundschaft bedeute,
eins zu sein mit ihren inneren Gefühlen, Meinungen, ihrem Geläute.
Doch sie stur beharrte, nur die Gliederkette, nur das Gegenüber
kann mit ihnen sein, das andere Ende der Brücke, das Hinüber
wechseln nur kann die wahre, freie emotionalste Verbindung sein,
nicht das Vielsein in einem, das enge verschlungene Wir, das Einssein,
nur die Bänder, die offen ohne Verknotung liegen, können einen,
deshalb, dafür ist sie hier, um zu lieben, muß sie außen stehen bleiben.

Nicht der enge gebundene Kreis innerhalb einer Freundesgemeinschaft,
die freien lockeren Grenzen vermögen erst geben die Stärke, die Kraft.
Da stand sie nun zum zigten Male, bekleidet mit ihren vielen allein,
unverschlungen, nicht einsam, gefüllt mit allem und Allbewußtsein.

Wohin des Weges, nach Westen, erstmal Richtung Berge, das Auto,
der Fahrer, das Brummen des Motors, die fliehende Landschaft, ihr Motto
fließen während der Fahrt zu ihrem Gegenüber und hin und her,
die lange Fahrt verschwindet kurz, und der Abschied fällt beiden schwer.
Das sind die wesentlichen Dinge, Austausch, Verstehen, Hinterfragen,
das Erspüren von Überschneidungen, das Trennende, das Hadern.

Als sie auf der Straße stand, wußte sie, ich werde diese Fahrt vergessen,
mich nie mehr an den Namen, das Auto, die Strecke erinnern, ob gestern,
ob vor hundert Jahren, was bleibt, das sind jene fremden Erinnerungsbahnen,
die sich geschickt mit den neuen unbekannten verbanden, deshalb wahren
diese inneren Bindungen, sämtliche Verknüpfungen, bleiben lose Splitter,
bleiben gegenüber, bleiben vereint, weil sie nicht sind hinter einem Gitter.
Das nächste Auto, ein entgegengesetztes Sein, Sprachen belanglos erklingen,
den Kern der Aussagen durch Ähnlichkeit muß jeder selbst herausfinden.
Ihr Kern ist das Gegenüber, sie ist gegenüber und mittendrin geeint,
Persönlichkeiten. Die sich mit dem Innen ohne Loslassen verbinden, sind entzweit.

Auch wenn ich mich drehe und wende

Auch wenn ich mich drehe und wende
und nach unten und oben sehe,
nichts, aber auch gar nichts
ist da, was mich interessiert.
Es gibt nichts an Angeboten, die mir
sagen, kauf mich, nimm mich mit.

Die Regale sind überfüllt mit Sinn
und weniger Sinnvollem.
Hier und da leuchtet ein kleines
Blinklämpchen, um auf sich
aufmerksam zu machen.
Aber alles erscheint mir wie ein
großer Tandhaufen.

Konsum, Konsum, die schnelle Mark,
reizvolle Sinnlosigkeiten locken das
Geld aus der Tasche.
Fühle mich selbst wie ein zum Platzen
gefüllter Sack.
Warum, warum nur reizt es mich, nicht
zuzugreifen und eben das zu tun, was
die anderen tun, kaufen, kaufen, kaufen.

Dies und jenes wäre sicher praktisch
in der Anwendung, aber es widerstrebt
mir, es mit nach Hause zu nehmen.
Viel zu viel steht bei mit schon herum
und verstaubt nur.
Ich brauche Platz, Platz, Platz.
Platz für all das, was in meinem Kopf ist.

Platz, damit ich all meine Gedanken in
meinem Haus unterbringe.
Ich benötige Leere, damit ich meine
Gedankengebäude aufstellen kann.
Deshalb, ihr lieben, zum Kauf angebotenen
Waren, dürft ihr weiterhin in euren Regalen
und Schaufenstern stehen und für andere
feilgeboten werden, die nicht so viele
Gedanken in ihr Heim stellen möchten.

Auf meiner gelben Gartenbank

Auf meiner gelben Gartenbank,
unterm Pflaumenbaume,
saß eines mittags (Gott sei Dank?)
´ne Kuh mit Regenhaube.

Sie kaute eifrig Pflaum´ um Pflaume,
mitsamt dem Pflaumenkerne,
sie schien wie im Traume,
ihre Augen leuchteten wie Sterne.

Als ihr Hunger schien gestillt,
und kein Regen vom Himmel fiel,
nahm sie ab die Haub´ geschwind,
und machte ihr Geschäft. (Oh je, so viel!)

Sie torkelte durchs Gartentor von dannen.
Nie wieder hab ich sie gesehen.
Vier Jahre sind inzwischen vergangen,
im Garten jetzt zig Pflaumenbäume stehen.

Aus der Enge geboren

Da wurdest du geboren,
sicher getragen
in Mutters Schoß,
bis die Enge
wurde zu groß.

Mit Glück, Umsicht
darfst du die ersten
Kindertage - jahre
erleben mit Vater
und Geschwistern,

immer noch
beschützt durch
Heim und Liebe,
Verständnis ließ
sich prägen.

Irgendwann die
ersten Revolten
dein Herz nach
Freiheit strebend,
die Enge wurde groß.

Die eigentliche
Geburt, das Tragen,
das Hervorbringen,
das Gebären
der Persönlichkeit

führt durch
Freundschaften,
eigene Familie,
sich selbst finden,
Kenntnisse verbinden.

Da bist du geboren,
sicher getragen
in deinem Ich,
bis die Enge
wird zu groß
und du kehrst
zurück in
der Erdmutter
Schoß.

Catherines Liebelei

Catherine,
liebte ihre Violine,
sie versteckte sie vor gefährlichen Dieben
nachts im Flur bei der Tür unter den Dielen.

Tagsüber war ihr ganzer Schatz die Geige,
immer eine angenehme Augenweide,
denn ehrenvoll stand, lag, lehnte,
sie in der Nähe, ihr ansonsten etwas fehlte.

Die Höchstgrenze, an die drei Meter Abstand
war schon unheimlich, unmöglich, allerhand
konnte da schließlich geschehen, passieren,
es wäre furchtbar schrecklich, sie zu verlieren.

Der Aufwand, die Arbeit zur Sorge im Haus
machte ihr natürlich nicht allzu viel aus,
viel schlimmer war der tägliche Einkauf,
der artete oft aus zum Spießrutenlauf.

Links eng an den Körper gepreßt,
hielt sie das Streichinstrument fest.
In der rechten Hand die Tasche
mit Einkäufen, keine einfache Sache.

Sie lief rechts gestreckt durchs Gewühle,
damit keiner ihren Violinenkasten berühre.
Leichte Erschütterungen könnten schaden,
das wollte sie der Geige und sich ersparen.

Auch wenn sie mehrmals einkaufen ging,
die Tasche oft zu klein, es war nicht ihr Ding,
ihre Violine alleine zu Hause zu lassen,
keiner könnte da auf sie aufpassen.

Jeden Samstag ohne Ausnahme die Geige
wurde dem Koffer entnommen, auf Seide
gelegt, poliert, damit die vielen Flecken, Kratzer
auf der Geige sich nicht mehren, die Patzer,

die die Violine sonst noch hat, keine Saiten,
keine Stege, keine Wirbel, diese halten
Catherine nicht ab, ihre Fidel, ihre Liebelei
zu vergöttern, niemand und nichts ist fehlerfrei.

Da geht's lang

Schneidig treten sie auf,
die jungen Leut,
Haare an den Seiten kurz,
das Deckhaar lang,
fehlt noch der Schnurrbart.
Da geht's lang.

Pflichtbewußt verteidigen sie
Vaterland, Stolz, Ehre.
Patriotismus in jeder
Geistessphäre.
Da geht's lang.

Es zählt keine
Nächstenliebe,
Ordnung, Strenge,
sonst gibt's Hiebe.
Da geht's lang.

Die Welt besteht
aus der eigenen Kultur,
fremde Einflüsse
stören nur.
Da geht's lang.

Mütter sind nett
zum Kinderhüten und Bett.
Alleinerziehende müssen
sich wieder verkriechen
Da geht's lang.

An den Pranger,
wer sich da nicht anschließt.
Europa sonst
in den Abgrund fließt
Da geht's lang.

Angst wird verbreitet,
Tradition hervorgeholt,
verherrlicht die alten
Zeiten, triefend von Moral
und Anstand.
Da geht's lang.

Ihr wißt gar nichts
vom Korsett
der Gleichmacherei.
Keine Sorge, euer
pubertierendes Gehabe
geht auch wieder vorbei.
Da geht's lang!

Das Kri- Kra- Krokodil

Das Kri- Kra- Krokodil
weiß nicht soviel,
wie ich es gerne hätt´,
drum hält sich das Krokodil vor mir versteckt.

Der Eli- Ela- Elefant
fand
meine Spielesammlung im Schrank,
womit er auf Nimmerwiedersehen verschwand.

Das Ki- Ke- Kamel
schläft nicht auf Sägemehl,
es döst am liebsten auf Sand
wie der Urlauber am Strand.

Der Bu- Be- Bär
wollt so gern sein Millionär,
doch traf ihn nie das Lottoglück,
dafür begegnete ihm Fräulein Lück.

Das Rhe- Rha- Rhinozeros,
das fährt jetzt mit dem Floß
ans andere Ufer rüber,
nachdem die Brücke zum zigten mal hinüber.

Das Dri- Dre- Dromedar
tanzt so gerne Cha-Cha-Cha.
Einst flog ihm eine Fliege ins Auge,
der Walzer für ihn drum nichts mehr tauge.

Der Fli-Flo-Flamingo,
der liebt so sehr das Zoo-Frauenklo,
dort kann er still in der Ecke stehen,
vor lauter rosa Wänden ist er nicht zu sehen.

Die He-Hi-Honigbiene,
man meint, seit Sonntag sie ein wenig schiele.
Ihr Stachel ist verbogen vom Aufprall aufs
Fensterglas.
Seither nimmt sie rückwärts auf der Blüte Platz.

Die De-Du-Dichterin,
die legt sich jetzt ein bißchen hin,
damit der weiche Schaum der Träume
ein wenig ihr Gehirn aufräume.

Deine Nafia

Heute aber trete ich aus deinem Schatten,
ich versage dir die Freundschaft,
die nie wirklich Hilfe war.

Denn ich habe gelernt, du allein bist
für all meine Pein verantwortlich,
du hast nie die Fähigkeit besessen,
mich zu beruhigen, du hast dich wohl
eher an meinem Leid erfreut.

Wie oft habe ich am Fenster gesessen,
unfähig irgendeinen Schritt zu tun,
wenn du saßt in meinem Nacken.

Wie oft habe ich mich durch dich
verleiten lassen, auf den erhofften Brief
zu warten, weil nur dann die ersehnte
Ruhe beginnen sollte.

Wie oft habe ich an den Fingernägeln gekaut,
weil du Stunde um Stunde
an meinen Nerven gezehrt hast.

Wie oft habe ich wegen dir
keinen Appetit mehr besessen,
weil nur du meine Nahrung warst.

Wie oft habe ich wegen dir neben
dem Telefon ausgeharrt,
damit der Anruf meine Seele beruhigen sollte.

Wie oft habe ich wegen dir
Nächte durch geweint,
weil dein Ich mir Schmerzen zugefügt hat.

Liebe Sehnsucht

Der Blick aus dem Fenster

Seit einigen Tagen steht er nun,
angelehnt an des Nachbars Haus,
schaut unverhohlen mein Tun,
so langsam wird's ein Graus.

Ab gestern Mittag blickt ein Zweiter
in grüner Hose, gelber Jacke,
hinter den Rosen hervor, lächelt heiter,
obwohl eine Hand an der Backe.

Inzwischen hab ich Riegel montiert
an sämtlichen Vorder- Hintertüren.
Morgen werden die Fenster vergittert,
Angstgefühle die Kehle verschnüren.

Der Nachbar macht sich über mich lustig,
die seien eher niedlich und harmlos.
Die ganze Nacht über schallt Musik,
er feiert wohl mit ihnen, ist ja famos.

Im Morgengrauen ruf ich die Polizisten,
in Nachbars Garten war ein Treiben,
mit Schubkarre, Spaten und Kisten,
mit Mützen, Schürzen, zum Verzweifeln,

stehen sie grinsend verteilt im Garten,
kein Nachbar, von ihm keine Spur,
als scheinen sie, auf etwas zu warten,
die Polizisten schreiben ein Protokoll, stur

verweigern sie aber des Garten Räumung,
empfehlen, dann mahnen sie zur Therapie,
rufen schließlich per Handy Verstärkung:
„Hier ist eine Patientin mit Gartenzwerg-Phobie."

Der Fischfang

Die Kirchenglocken bimmeln, bammeln,
heute bin ich nicht in die Kirche gegangen.
Auf dem Weg dorthin hab ich mich verdrückt,
hab mich unter der Johannisbrücke gebückt,
bis der letzte Kirchgänger drüber geschlichen,
dann ging es ab zum Sumpfweiher, fischen.

Mein Angelstock ist hinter dem Holzstoß verstaut,
das Holz lagert hier schon lang, es ist fast verfault.
Ach, war das herrlich, diese Stille weit und breit,
Insekten zirpen, Vögel singen, die Angel im Teich,
das Leben genießen, heute keine Moralpredigt,
dafür zum Mittag vielleicht Forelle, Aal oder Hecht.

Da, schon zittert die Angel, da hängt was dran,
was für eine Kraft, ja, streng dich nur an,
es wird dir nicht helfen, was ist das bloß,
du willst mich fordern, deine Stärke, die ist famous.
Dem Gewicht nach zu urteilen, ich werde wahnsinnig,
bist du den Kampf wert auf Heller und Pfennig.

Schon stand ich kniehoch im Wasser, ein Untier.
Aber hier steht dein Meister, ich zeige es dir.
Vom Kirchturm schallten die Glockentöne herüber,
trotz Wasser bis zum Bauch schwitzten meine Glieder.
Hurtig muß es jetzt gehen, die Kirche gleich aus,
und bin ich nicht pünktlich, gibt's Prügel zuhaus.

Jetzt packte mich Wut, Gott gebe ein Wunder,
da konnte ich ihn fassen, es war ein großer Zander.
Wahrscheinlich hat er geschätzte zehn Kilo an Gewicht,
wie transportieren, in die Hosentasche paßt er nicht.
Da, schon wieder die warnenden Kirchenglocken,
die Messe ist gleich aus, bis dahin werde ich nicht trocken.

Gleich kommen die ersten Kirchgänger aus der Kirche,
noch sind es zu wenig, bis ich langsam hervorkrieche,
lauthals nach Hilfe rufe, weil ich gestürzt, gefallen bin
von der Brücke, da schwamm dieser Zander zu mir hin.
Da waren auch schon die ersten helfenden Hände,
Gott war dein Schutz, der Fisch als Zeichen spräche Bände.

Der Floh

Ich bin ein Floh,
wieso, wieso?

Einst war ich groß, stark und kräftig,
meine Freunde waren die Tiere, auch die im Käfig.
Selbst unter den Menschen hatte ich Freunde,
oft nahm ich teil an ihren Tränen, ihrer Freude.

Da ich wenig mitteilsam, ich war stumm,
hielten mich alle des öfteren für dumm.
All mein Reden mit Gesten und Mimik,
verstanden sie nicht, und mieden mich.

Aus lauter Kummer, ausgestoßen zu sein,
wurde ich immer kleiner und klein.
Nun bin ich auf wenige Millimeter geschrumpft,
zu meiner Freude und mit großem Triumph,

kann ich jederzeit meine Freunde besuchen,
denn ich versteck mich in ihrem Fell, unter Blusen.
Ich kann wieder teilhaben an ihrem Leben,
sie kraulen, trösten, verstehen und nerven.

Deshalb bin ich ein Floh,
und froh, froh, froh.

Der Flucher

Der Flucher besitzt keinen Verstand.
Fluchend treibt er die Leute voran,
das Ziel, Sklaven in seiner Hand.
Gewinn klimpert im Gewand.

Keine Flucht macht mehr Spaß,
als Menschen im Tintenfaß,
er geduldig den Stift, naß,
übers Papier bemaß.

Der Flucher eifrig schrieb,
während das Vieh
vor ihm durcheinander stieb.
Sie horchen, aus Angst vor jedem Hieb.

Macht, Geld, Gier, Ansehen.
Die Menschen haben das Nachsehen,
verführt durch Frieden, eben,
kommen sie zum Gegenteil von Eden.

Was macht das schon?
Der Flucher kennt kein Verschon',
parieren müssen sie, ihr Lohn,
und seine Profession.

Die Wissenden erschreckt,
fliehen aus dem Treck.
Der Flucher bewirft sie mit Dreck,
kein Entkommen vom Fleck.

Er stachelt die Menschen auf,
sie horchen den Reden auch.
Er denkt dabei an seinen vollen Bauch,
Menschen zählen nur zum Gebrauch.

Die Leute hat er unter Kontrolle
wie der Schäfer seine Wolle,
er achtet nur zu seinem Wohle,
die Flüchtigen spielen die Rolle

wie in einem Theaterstück.
Sie merken nicht, daß ihr Glück,
das versprochen, ihr eigenes Genick
wird dadurch gebrochen.

Der Flucher stolziert durch die Gegend,
Worte wie Honig geformt zur Predigt,
Menschen als Sklaven angeprahlt.
Zum Nutzen des Fluchers, der strahlt.

Der Weg

Der Weg,
der abgerissenen
Häute, die durchs
Nichts ins Nichts
einbrechen,
ist ein undurchsichtiger
Ball, der verknotet ist.

Der Weg,
sagte jener, der
keine Rolle spielt,
ist eine tiefblaue
Höhle
von Milchkannen,
die ihre Milch
zwar finden wollen,
aber nicht suchen.

Der Weg,
der übers Wasser,
die Stoffreste
und die (abgebrochenen)
Dornen führt,
steht einsam wacklig
am Ende
des Bergrandes.

Der Weg,
der angemodert
ist von Spinnen,
die ihr Netz suchen,
darf nie still
stehen
am Spiegel
hinterm Vorhang.

Der Welt entrückt

Der Welt entrückt.
Ein stilles Glück.
Sand und Wasser,
kein Desaster,
sondern Matsch zum Kneten,
um in andere Leben zu treten.

Die Freude des Erschaffen,
Seele bringt zum Lachen.
Blick fest nach außen und innen,
Geistesflüsse springen
fröhlich zu Bergen und Täler,
die Welt ringsum wird schmäler.

Die Kirchenglocken
auf die Zeit pochen,
bringen keine Eile,
sie sind Musik für eine Weile,
verstärken das Lebensgefühl,
entronnen zu sein vom Gewühl.

Dreck an Händen -
in den Haaren hängen,
Gesicht verschmiert,
neue Welten kreiert.
Schätze der Phantasie
erbaut mit Ton, vergißt man nie.

Die Augen keine Tränen mehr

Die Augen keine Tränen mehr,
das Leben so schwer.
Der kurze weiße Mantel
flattert nicht im Wind.

Die Augen keine Tränen mehr,
das Leben verwehrt.
Der Gang durch die Stadt
ohne Freunde, allein.

Die Augen keine Tränen mehr,
vergossen, erloschen.
Ein Grab als Erinnerung
besucht, von wem?

Die Augen keine Tränen mehr,
Wasser die Ufer umspült.

Die Furcht

Die Furcht,
sie weicht
zurück,
wenn man weiß,
sie ist ein
Luftballon.

Er fliegt so
gedankenverloren dahin,
pflichterfüllt,
Angst gestreut,
da treibt der Wind
den Ballon
ins Geäst.

Er hat sich verfangen,
kein Sturm
kann ihn befreien.
Die Angst sitzt fest.
Hinaufklettern, ihn abschneiden,
den Baum fällen?
Möglich.

Doch wirklich das Beste?
Ihn an seinem Platz
belassen,
zu wissen, er ist da,
dann kann er nicht mehr
überraschend
die Gefühle
mit Angst erfassen.

Die gewonnene Wette

„Liebling, schreib mal ein Gedicht!"
„Wieso? Das kann ich nicht!"
„Da bin ich aber froh!
Mir geht's genauso."

„Warum fragst du dann?
Du kindischer Mann!"
„Ich wollte dich nur testen,
beim Wettstreit mit dir messen!"

„Okay, mit Gewinner und so,
wer darf morgens zuerst aufs Klo?"
„Nein, um des Wettstreits willen,
ohne Pokale zu gewinnen."

„Ich␣tät mich schon einlassen,
wenn's was gäbe zu prassen.
Denn wer Gewinner sein wird,
im Vorfeld längst feststeht!"

„Du bist wohl von dir überzeugt,
wenn du das mal nicht bereust!
Also, um was wetten wir,
das auszusuchen, überlaß ich dir!"

„So, so, na dann bin ich mal so nett
und sag, eine Woche vorlesen im Bett!"
„Auf Gegenseitigkeit, wer gewinnt, darf
zuhören, bis ihn übermannt der Schlaf."

Der Tag war lang, die Arbeit viel.
Liebling sich trotzdem wach hielt.
Sie hatte die Wette haushoch gewonnen
und genoß das Vorlesen mit Wonnen.

Die Mühsal der Wenigkeit

Nur das Wenigste wird eingepackt,
die Erfahrung hat schlau gemacht,
ward erst mal die Angst überwunden,
ist das Glück mit Nichts gefunden.

Auf dem Weg zum Nichts, Wenigkeit
war die Tierbeobachtung die Sicherheit
als Beweis, zu sein ohne zu haben.
Man benötigt nur des Schöpfers Gaben.

Alles, was sie je geschaffen, getan,
wird im Gedächtnis verweilen fortan.
Es wird sich breit machen, das Erstaunen,
welch Wissen dort wie in Stein gehauen.

Der Weg ist mühsam auf der Lebensstraße,
entlohnt durch Bewegungsfreiheit ohne Maske,
denn die nützt zwischen Neuem nichts,
erschafft nur neue Grenzen, wird Hindernis.

Der Schatz des Seins liegt nicht in der Truhe,
die gehütet wird und verhindert die Bettruhe.
Der wirkliche Schatz, das Glück auf Erden,
ist die Mühsal, allen Ballast loszuwerden.

Die Sprache kommt nicht mehr zurück

Diese Sprache kommt nicht mehr zurück,
sie ist schon lange meiner Seele entrückt.
Mühsam war es deshalb, Worte zu finden,
meine Trauer, Wehmut zu überwinden,
neu zu gestalten einen vertrauten Ort,
meine Sprache wie der Vogel dort,

der fliegt wohin der Wind ihn trägt,
in eine glückliche Zeit hineinkehrt.
Anfangs klang sie fremd und holprig,
versuchte verbissen, teils bockig
den Klang der inneren Sehnsucht
zu befreien von alter Furcht.

Willkommen in der Heimat Herz,
denn nur da lockert sich der Schmerz,
nicht mehr vertraute Laute zu vernehmen.
Töne der Fremde kennenzulernen,
neue Wörter sprechen, gaben Halt,
in all der empfundenen Bitterkeit.

Jetzt ist die Sprache der Heimat fremd,
fürs Ohr, die Seele und Temperament.
Zu gewissen Zeiten, Situationen
kann ich sie problemlos wiederholen,
spüre erneut den Verwandtschaftsgrad,
weiß auch, nehme sie mit ins Grab.

Die Sprachen haben mich geprägt,
wenn mich heute etwas wegträgt,
das meiner Seele längst verloren,
hab ich gelernt, ständiges Wiederholen
führt neue Sprachabschnitte
zum Herz, der Seele und Heimat Mitte.

Donnergrollen ohne Untergang

Es blitzt, donnert, schallt, klepft,
die Welt geht unter jetzt.
Kerzen sind angezündet, wegen dem Kerzenschein
wünscht man, die Welt soll friedlicher sein.
Durch das Flackern der Lichter
drängen die Eltern dichter
um den runden Tisch herum,
diskutieren, bisweilen sind sie stumm.

Es blitzt, donnert, schallt, klepft,
die Welt geht unter jetzt.
Über Ängste, Furcht, Zukunft wird gesprochen,
vom Lärm wach kommen die Kinder angekrochen.
Die dunkle Stimmung, das Donnern draußen,
sie zittern, weinen, Zuspruch sie nun brauchen.
Märchen erzählen, das soll beruhigen,
doch die Kinder sind nicht zu überzeugen.

Es blitzt, donnert, schallt, klepft,
die Welt geht unter jetzt.
Sie waren schon länger wach, stellen Fragen,
anfangs zaghaft, dann dringlicher, bis die Eltern wagen,
ihre Gespräche, Gedanken fortzuführen,
die Kinder lauschen, reden mit, spüren
die Sorgen, die Nöte, das Klagen,
neue Wege möchten sie mit tragen.

Es blitzt, donnert, schallt, klepft,
die Welt geht unter jetzt.
Die Eltern wirken anfangs irritiert, dann erstaunt,
dies Wissen haben sie den Kindern nicht zugetraut.
Je lauter es draußen blitzt und donnert,
die Kinder ereifern sich, schieben Wege, die vermodert,
einfach beiseite, formen Plätze mit Gedankenräumen,
die kein Elternteil mehr wagte zu träumen.

Es blitzt, donnert, schallt, klepft,
die Welt geht unter jetzt.
Die Stimmen werden lauter, die Herzen sind erhitzt,
das Gewitter nicht nur draußen, hier drinnen blitzt
es von Verständnis, Änderung, Tatendrang,
es wirkt, als ob ein festgezurrter Strang,
der die Familie in Normen hielt,
und Liebe, Zuneigung führe Worte, gezielt.

Es blitzt, donnert, schallt, klepft,
die Welt geht unter jetzt.
Viele Fragen, Antworten sind gefallen,
die Eltern ehrlich und unbefangen
haben verheimlichte Sorgen offenbart,
die Arbeit verloren, der Urlaub wird eingespart.
Die Kinder wirken dankbar, sie werden ernst genommen,
durch das Gewitter war das überfällige Gespräch willkommen.

Es blitzt, donnert, schallt, klepft,
die Welt geht unter jetzt.
Die Kerzenlichter flackern immer noch, der Wellengang
in der Familie abgeebbt wie ein ersehnter Sonnenaufgang.
Die Zeiten, in denen die Kinder lieber Märchen hörten,
sind vorbei, sie begreifen, erkennen der Eltern Nöten.
Das Gewitter war befreiend trotz des beängstigenden Tobens,
die Eltern sind voll der Zuversicht und des Lobens.

Du bleibst ein Ich

Als das Ich diese Welt betrat,
hatten zwei Menschen sich vereint,
das Ich ward ungefragt,
ob es wollte oder nicht,
ob es geschah mit Gewalt oder Liebe,
aus Freude oder Gewaltanwendung,
aus dem Akt wurde eins, ein Ich.

Das Ich gedieh
mit Fürsorge und Strenge,
bekam einen Namen,
damit man es erkenne
unter all den andern Ichs.
Es lernte Hunger, Wärme,
Wohlbefinden, Einsamkeit
und verglich verschiedene
Reaktionen, und merkte es sich.

Das Ich fühlte sein Sein
und ließ es die Umwelt spüren,
erste Reibungen entstanden,
Trotz, Wut, Verständnis, Liebe
wechselten sich ab,
Lachen, Weinen, Schmerz, Trauer,
Unterschiede bildeten sich
auf Dauer, die Persönlichkeit wuchs.

Das Ich lernte Wörter, Begriffe, Zusammenhänge,
auch Ablehnungen, Zuspruch, Freunde, Gegner,
mit Gleichgesinnten trieb das Ich
sich herum, das stärkte für später.
Mit der Zeit der Rebellion wuchs
Wissen und Kraft fürs Erwachsensein.

Das Ich verschleuderte seine
Jugendlichkeit mit vollen Händen,
alle aus Erfahrung gezogenen
Konsequenzen, bis der Körper
die erste Bremse zog.
Es begann ein Nachdenken,
vielleicht ein Umdenken,
das Ich in andere Bahnen zu lenken.

Das Ich resümierte, haderte eine Weile,
blieb sich treu, erkannte Fehler,
ging stur weiter voran, verzieh,
wurde verbittert, einsam oder aufgefangen
im Kreis von Verständigen, von Liebenden.
Am Tag des Abschieds aus dieser Welt
das Ich ward wieder ungefragt,
ob es wollte oder nicht,
ob es geschah mit Gewalt oder Liebe,
aus Freude oder Gewaltanwendung,
aus dem Akt blieb eins, sein Ich.

Egons Liebe

Egon wollte von klein auf übers Meer fahren,
er traute sich nicht wegen den Gefahren,
die dort lauern könnten unter den Planken,
aber auch wegen des Schiffes Schwanken.

Denn er fürchtete sich vorm Übergeben,
dafür würde er sich ewig schämen.
Tage-, wochen-, monate-, nein, jahrelang
saß er deshalb oft trübsinnig am Strand

und schaute hinauf aufs Meer, das ihn lockte,
doch immer wenn er bereit war, ja, frohlockte,
das Abenteuer zu wagen, seinem Schicksal
endlich zu trauen, kamen die alten Qualen

umso heftiger; zitternd und taumelnd verließ
er den Platz am Wasser, die Angst den Mut
verstieß.
Als nun mal wieder in der Stadt Jahrmarkt war,
sah er ein Mädchen mit lockigem rotem Haar.

Sie verkaufte in einer Bude Fische und Hummer,
wie sie so stand, herzzerreißend schön; Kummer
ihn plötzlich plagte, denn er war alt geworden,
und die Stimme versagte schon, beim Guten
Morgen

sagen, sobald er das Mädchen sah, deshalb schlich er
immer wieder um die Fischbude herum, bis der Vater
des Mädchens ihn zur Rede stellte, ob dieses Treibens,
da auf einmal prasselten hunderte Worte seines Leidens

nur so aus ihm heraus, die Sehnsucht nach dem Meer,
sein Unvermögen, die rastlose Zeit, das Alter,
das nun schwer auf ihm liege, und nun habe ihn die
Liebe erfaßt, er wisse selbst nicht warum und wie,

er sei ein ehrlicher Bürgersmann und kein Dieb,
und er erbat die Hand der Tochter, die ihm so lieb.
Der Vater hörte stoisch zu, nickte dann und wann,
schüttelte den Kopf, musterte skeptisch sein Gewand.

„Nun, ich sehe und höre, Ihr seid gebildet, Eure Kleider
zeigen, Ihr seid kein armer Mann, aber leider
kann Elverine nur einen Fischermann ehelichen,
der unser Geschäft vom Fischfang bis zum Herrichten

der Ware kennt. Egon stürzte betrübt nach Haus,
im Taumel der Liebe, sein Leben ein Graus,
suchte er mit Schnaps, der Welt zu entfliehen,
doch es wollte nicht glücken, den Gefühlen

ein Ende zu bereiten. Niemand konnte je erklären,
warum er, weit weg von zu Haus und den Schären,
in einem Boot liegend auf dem Meer trieb.
Auf dem Handelsschiff, das ihn fand, blieb

er drei qualvolle Tage und Nächte unter Deck.
Schweißgebadet befreite er sich von all seinem Dreck,
im Delirium kotzte er nicht nur seine Magensäfte
aus, durch geschriene Wortfetzen und Gesten setzte

er auch all seinem seelischen Leid ein Ende.
Des Kochs grobschlächtige, rauhe und starken Hände
umsorgten ihn mit kalten, warmen Wickeln und
flößten ihm mit Kräutern versetzte Suppen in den Mund.

Am vierten Tage erwachte Egon, benommen und doch
glücklich, die Mannschaft bestürmte ihn, bis der Koch
sie alle aus der Kombüse schmiß. In den nächsten Tagen
beantwortete Egon all die ihm gestellten Fragen,

und er wurde immer selbstsicherer, obwohl er zeitweilig
kotzend und elendig fühlend über der Reling hing.
Keiner verübelte ihm dies. Er lernte das Handwerk
der Seeleute, überlebte Stürme, und Glück

umfing sein Herz, als das Schiff nach fast zwei Jahren
beladen mit vielen neuen Waren in den Heimathafen fuhr. Inzwischen war er muskulös und braungebrannt,
so daß keiner in der Stadt ihn mehr erkannt.

Da er keine Erinnerung mehr hatte, was geschehen,
so machte er sich auf, um nach seinem Haus zu sehen,
bunte Blumen an den Fenstern, spielende Kinder auf dem Hof,
so schlich er fort zu seinem Oheim und erhoffte, dort

Klarheit zu bekommen. Der Oheim war anfangs sehr skeptisch,
aber Egon überzeugte ihn, daß er sein Neffe und kein Dieb.
So erfuhr Egon von seinem Testament, darin war festgehalten,
daß sein ganzes Hab und Gut Elverine mag erhalten,

wenn er nicht binnen eines Jahres zurückgekehrt sein sollte.
Seine Rückkehr verbreitete sich schnell, und auch Elverine wollte
ihn willkommen heißen. Sie stand mit vielen vor der Tür
und als sie Egon sah, umarmte sie ihn und dankte ihm dafür,
was er für sie getan und war glücklich, ihn gesund zu sehen.

Nun, ich weiß, was weiterhin mit den beiden geschehen,
aber ob sie eine gemeinsame Zukunft hatten oder nicht,
überlasse ich Eurer Phantasie, denn dies ist bloß ein Gedicht.

Ein Nein vom Liebsten darf nicht sein

Und wenn die Berge
bunte Tränen weinen,
und wenn die Nebel
durchsichtig scheinen,

und wenn der Mond
mir blau erscheint,
und wenn die Flut
im Meer zurück bleibt,

und wenn die Blätter
nicht mehr von den Bäumen fallen,
und wenn die Worte
nur noch gegen Mauern schallen,

und wenn die Blumen
nach Schwefel duften,
und wenn unser Schweiß
sich bunt verfärbt vom Schuften,

und wenn der Regen grün
vom Himmel fällt,
und wenn kein Nächster
dem Gegenüber sich freundlich verhält,

und wenn ich jetzt nicht sofort zum Essen erschein,
dann heißt es heute vom Liebsten,
vorlesen vorm Schlafen: Nein.
Liebster, ich komme!

Entspannung

Seit einer Stunde liege ich jetzt schon in der Wanne,
in der Hoffnung mein Geist, mein Körper entspanne.
Doch ganz ehrlich, ich fühle es, noch ist nichts passiert,
kein relaxen, kein lockern der Muskeln, ich bin irritiert.

Der Duft nach Zitrone, Kiwi, Mango, Orange ist verflogen,
er sollte intensiv und lange sich halten, alles gelogen,
ich rieche den Geschmack von Kaugummi mit Schaum,
der Text auf der Packung versprach pazifischen Urlaubstraum.

Inzwischen sind nicht nur Hände und Füße krumpelig,
der gesamte Körper wirkt, blaß, weiß und schrumpelig.
Das Wasser immer noch heiß, das Fließen eher berauscht
als die Duschcreme, die ist inzwischen fast aufgebraucht.

Von wegen pazifischer Urlaubstraum, ein Sommergewitter
tobt in meinen Geist, meine Muskeln gleichen eher einer Zither,
deren Saiten nicht nur zu fest gespannt, auch falsch platziert,
schon beim zarten Anzupfen, anstatt Muskeln, manch Nerv vibriert.

Nicht ein Nerv, tausende von Nerven, man bin ich auf Fahrt,
eins weiß ich mit Sicherheit, dieser Kauf bleibt mit zukünftig erspart.
Falls mich je mal wieder der Wunsch nach Entspannung beschleicht,
gehe ich in den Holzschuppen, nehme die Axt und hacke Holz klein.

Es klappert am Ohr

Ob Tag, ob Nacht, bei jedem Telefonat
klappert ein Ohrring am Apparat.
Anhand der verschiedenen Klänge
erhört man, welche Gehänge
jetzt am Ohrläppchen baumeln,
um mit durch die Welt zu taumeln.

Die Auswahl ist schließlich riesengroß,
man gönnt sich doch ab und zu bloß
ein kleines Stück Glück, durchs Kaufen,
beim Fußgängerzonen Durchlaufen.
Die Wohnung ist zu klein für Schuhe,
Schmuck dagegen paßt viel in einer Truhe.

Auch kann es eine Wertanlage sein,
Gold und Silber werden nicht zu klein,
sie werden nicht alt und abgetragen,
diese Mode kann man immer anhaben.
Deshalb legt sie die Dinger nicht ab,
selbst wenn das Gespräch mit klipp, klapp,

untermalt wird und manche Worte
sich anhören wie eine zermatschte Torte.
Nun, manchmal kann es gar lustig werden,
beim Raten der einzelnen Trophäen,
die sie beschmücken, die Art der Investition
fördert zwischenmenschliche Kommunikation.

Flattert ruhig im Wind

Die Wäsche flattert
im leichten Wind,
seit Tagen schon
ein gewohntes Bild.

Der Fransenrock,
Erinnerung
ans Tanzen
mit Hüftschwung.

Das Tor zur Welt,
der Fensterausblick,
vom Leben erzählt
jedes Wäschestück.

„Ihr seid meine
Fahnen,
euch habe ich
in Liebe getragen.

Oft wart ihr mir
eine zweite Haut,
Selbstbewußtsein
wurde aufgebaut.

Ihr habt Mut gegeben,
flattert ruhig im Wind,
Stärke im Sinn,
ihr habt es verdient."

Fliegen

Fliegen,
ein Traum so Vieler,
doch manche vermögen
nicht mal richtig zu stehen

zu ihren Worten, Partnern,
Freunden.

Sie fliegen dahin,
hoch in die Lüfte
besehen die Welt
als fremd.

Empfinden hoch oben
keine Emotionen
für die da unten.

Manche stecken fest im Sand
ihres Leidens und Kummer

und schauen hoch zu denen,
die schon fliegen und erkennen
deren Flatterhaftigkeit.

Und wissen, nur die, die mit
ihnen den Sand zu Boden
stampfen, sind auch
diejenigen, die
hoch oben in der Luft
nur gemeinsam mit
ihnen ihre Runden drehen.

Flucht aus dem Paradies

Ab heute lebe ich im meinem Schneckenhaus,
und geh nicht mal mehr bei Regen raus.

Es passieren in dieser Welt seltsame Dinge,
nein, am meisten nervt nicht das Gebimmle
der zwei Kirchen zu den unmöglichsten Zeiten,
darauf kann man sich einstellen und entweichen.

Es ist vielmehr, und was ganz schrecklich ist,
dieser viel belesene und schlagfertige Journalist,
der zu den unterschiedlichsten Themen und Zeiten
mit seiner Frau im Garten weilt und sie streiten,
diskutieren nennt man das heutzutag auch wohl,
über dieses und jenes, und keiner weicht einen Zoll
von seinem Standpunkt ab; ich lern zwar viel
über das Weltgeschehen, aber nun ist Zeit zu fliehn.

Jetzt wart ich auf die nächste Nacht, denn dies
hier, das erzähl ich jedem, ist kein Paradies,
kein ruhiges Leben führt man in diesem Garten,
mein Kopf ist schwer, als wär er voller Schwarten.

Flügelpaare

Aus zwei Flügelpaaren geboren.
Für neues Leben
auserkoren.

Zärtlich weich, warm gehalten,
das Neue durchströmt
Hallen

von glücklich Sein und Sorgen.
Das Atmen nur
ausgeborgen.

Leben wurden Flügel gegeben,
um sich einst fort zu
bewegen.

Freiheitsdrang und Willen
in den Wiegen liegen zum
Stillen

des Wesens Hunger nach Leben,
der Schöpfung entgegen zu
streben.

Fotos im Botanischen Garten

Silke saß seit Tagen regelmäßig zitternd auf der weißen Bank
vor dem Botanischen Garten, sie fühlte sich elendig krank.

Dabei wollte sie nur Pflanzen sehen in ihrer einmaligen Pracht,
weiß passe gut für Photos mit den bunten Blumen, hat sie gedacht.

Deshalb hat sie das lange Sommerkleid aus dem Schrank geholt,
Frank kaufte es vor langer Zeit, die Investition hat sich gelohnt.

Sie waren jung, verliebt, in Spanien im Urlaub, von der Sonne gebräunt,
das weiße Hängerkleid mit Spitze umschmeichelte ihren Körper, ihren Teint.

Er konnte gar nicht aufhören, sie zu photographieren und mit ihr zu poussieren.
Nach dem Urlaub hielt er um ihre Hand an, besseres konnte ihr nicht passieren.

Glückliche Jahre sind vergangen, Erinnerungen immer noch vorhanden
an diese gemeinsamen Zeiten, fortwährend sind sie aneinander gehangen.

Mit Stolz und einem Lächeln ging sie durch die belebten Straßen,
was machte es schon, wenn eigenartige Blicke von anderen sie trafen.

Ihr Frank wird im Botanischen Garten auf sie warten mit seiner Kamera,
er war meist pünktlich, sie konnte sich auf ihn verlassen, er war immer da.

Doch jedes Mal wenn sie kurz vor dem Bezahlen vor der Kasse stand,
wurde ihr zuerst heiß, dann kalt, schwindelig und ums Herz ganz bang.

Am Dienstag wurde sie abgefangen, beim Pflegeheimtüraufstoßen.
„Nein, Silke, es ist Winter, es schneit, der Garten hat geschlossen."

Gedanken ziehen lassen

Der Himmel grau.
Ja, grau, nicht blau,
die Haare naß,
sitz ich zum Spaß
im Garten rum,
hör bumm, bumm
aus dem Kopfhörer,
ohne irgendein Störer.

Die ganze Welt kann mir
gestohlen bleiben, irr
ist sie, allenthalben,
sogar die Schwalben
fliegen ständig im Kreis
Achter, der Schweiß
tropft vom Zusehen
auf meine roten Zehen.

Ach Quatsch, das ist nur
Wasser. Panik? Keine Spur.
Der Himmel dunkler schon,
hätte ich ein Mikrophon,
könnte ich mitsingen,
mit Flügeln als Schwingen
die Stimme benützen,
die Welt naß spritzen,

daß Liebe ihre Sinne
wieder zum Atmen bringe.
Donner grollt in der Ferne,
der Geist genießt die Sphäre,
Musik im Ohr, Gewitter
in der Natur, ohne Gitter
Gedanken ziehen lassen,
mag sein, ihr könnt sie fassen.

Gedankentropfen

Sie laufen hinter mir her
auf dem Weg nach Haus.
Sie flehen und schreien sehr,
auch vor mir sind sie, geradeaus.

Sie sind nicht wirklich zu sehen,
ihr Auftreten, ob still oder laut,
im gesamten Körper zu vernehmen,
ihr Dasein erspürt meine Haut.

Manche Tropfen höhlen das Gestein,
ihre Absicht, manchmal willentlich,
erinnern an so viel gefühlte Pein,
doch der Grund oft unergründlich.

Ich kann die sprudelnden Quellen stoppen,
den Wasserhahn ohne Müh zudrehen,
die Tropfen durch Hindernisse locken,
Kanäle füllen, Wasserfälle entstehen.

Sie sind bei mir, laut und leise,
seit ich denken kann, auf Schritt und Tritt,
sie tröpfeln unentwegt, sind Flüsse, Teiche,
sind Meere, zu hören beim Essen, beim Abtritt.

Sie wässern mich sanft, überschwemmen mich,
trocknen mich aus, lassen mich untergehen,
manchmal ein Tropfen allein, allein nur für dich
kann zum Stolpern, zum Aufgeben bewegen.

Es gibt Zeiten, da sind sie unehrlich,
tausendfach aneinandergereiht,
Schwerelosigkeit verinnerlicht,
lösen sie sich einfach auf, du bist nie gefeit.

Nach ihrem Gutdünken helfen sie dir,
ob sie sind freundschaftlich verbunden,
ein neuer Quell, ein Gewitter oder Gier
noch nicht loszulassen, Wunden

beim Verheilen helfen, darauf keine Antwort.
Die Gedankentropfen das Nachsinnen lassen.
Sie wechseln zu oft von Ort zu Ort,
vermischen, nehmen auf, um zu prassen.

Sie verprassen die unendliche Schöpfung,
die Quellen, die Wassertropfen,
sind nur Mittel zum Ursprung,
um dich kleines Wesen vollzustopfen.

Sie laufen hinter mir her
auf dem Weg nach Haus.
Sie sprudeln voll Freude und Trauer
dein Leben nach außen und innen aus.

Gedankenverlorene Erkenntnisse

Manchmal sitzt man so
gedankenverloren in der Gegend herum,
Blütenblätter voller Inspiration,
Ideen flattern durch die Luft,

staunend beobachtet man den Flug
des einzelnen Individuums,
fast zärtlich schaukeln sie,
verströmen ihren besonderen Duft.

Nicht nur liebliches kann man aufnehmen,
Abwasserkanalgerüche,
verschmortes Plastik, teergedrängter
Asphalt macht sich in der Nase breit,

Herbstspaziergang mit vermodertem Blättern,
Verbranntes in der Küche,
die Fischkadaver am Meeresstrand,
der üble Gestank der ganzen Ewigkeit.

Es sind beizeiten viel zu viele Eindrücke,
Erleuchtungen und die Erkenntnis,
nur ein Bruchteil dessen was mich umfängt,
trägt zum weiteren Verbreiten bei,

der Rest verpufft, löst sich auf, wird wieder Frucht,
Schöpfung ist unendlich,
verschwenderisch, ein Sammelsurium voll Einfälle,
deshalb Gedanken bye-bye.

Gefühlsdiebe

Berauscht von der Liebe, vom Glück,
wußte ich nicht, wohin ich tritt,
zuerst dachte ich, es sei der Saft des Honigs,
der süß und klebrig mein Herz erobert,
mich zähflüssig immer zu dir hinzog,
wie Süße betörend mein Herz durchbohrt.

Je schwerer das Gehen fiel, desto mehr Kraft
ich aufwand, dich zu erreichen, desto lieber
meinte ich, dich zu haben, desto glücklicher
schien ich zu sein, desto mehr liebte ich dich,
desto mehr vergaß ich mich, war im Kampf
mit der klebrigen Masse, bis ich mich haßte.

Suchte nach dem Zucker der Leidenschaft,
der Hingabe, des Fallenlassens, Freiheit
mir versprach der verlockende Duft
von deinem Wesen, alles habe ich gegeben,
nur um noch mehr nach dir zu streben,
zum Schluß bat ich nur noch um mein Leben.

Verklebt war meine Seele, der Honig war Leim,
der mein Herz verkrustet hat wie Teer,
mich zu befreien, mich zu erkennen, war schwer.
Ich badete in tosenden Flüßen, schwamm im Meer
von Düften, Erinnerungen wischten meinen Willen,
zu mir zu finden fort, zu lange warst du mein Wort.

An den Stränden der Buchten, Gefühle versuchten
mich erneut, zu deinem süßem Liebesduft zu
treiben,
aber wenn ich durch die Bäche der Tränen
schwamm, Brücken mir Straßen zu andern Ufern
boten. Wege übers Land trockneten die letzten
Reste
der einseitigen Liebe, heute erkenne ich von weitem
Gefühlsdiebe.

Haste mal Feuer

Sie lief nach Hause,
Angst im Gesicht.
Schweißgebadet
hechtete sie durchs Dickicht.

Sie kannte die Abkürzung,
ihr Hund lief hinter ihr her,
er war zu klein,
sie beide keuchten schwer.

Dabei hatte doch einmal
das Glück sich ihrer besonnen.
Im Preisausschreiben
hatte sie den Hauptpreis gewonnen.

Zwei Wochen Wellnessurlaub,
Luxushotel, Blick auf die Alpen,
den Basti kann sie mitnehmen.
Gab es da noch ein Halten?

Morgens ein kurzes Frühstück,
mit Taxi gemütlich wie besprochen
zum Bahnhof gefahren,
noch Zeit bis die Zugtüren schlossen.

Da kommt dieser junge Mann
auf sie zu: „Haste mal Feuer?"
Sie kramt in ihrer Tasche,
schreit plötzlich: „Bin ich bescheuert!"

Hinter ihr rennt der junge Mann,
ihre Handtasche in der Hand.
Sie kramt den Schlüssel hervor,
die Tür schlägt gegen die Wand.

Im Flur alles ruhig,
aus der Küche kein Qualm,
sie starrt auf den Küchentisch,
da fällt es ihr wieder ein.

Sie wollte Wasser aufsetzen,
um noch einen Kaffee zu trinken,
entschied dann aber, Basti
nochmal in den Garten zu schicken.

Der Gasherd blieb also aus,
neben ihr der junge Mann,
außer Atem: „Noch nie bin ich für
einen Zug an der Zigarette so gerannt!"

Heim - Rast des Aufenthaltes

Heimlich schleichen
sich Heimchen wieder
an den heimischen Herd
und köcheln Suppen
voll mit geheimen
Zutaten, damit die
Heimat nicht vergiftet
durch Heimlose,
die in Verdacht stehen,
alles einzuheimsen,
was nicht niet- und nagelfest
im Heim verankert.

Die große Heimsuchung
durch den Genuß
der Suppen
löst Heimweh aus,
nach der Heimat Haus
und starken Mannen,
die alle heimbringen
ins heimelige
Heimatland, zum Heime,
wo einst jede Wiege stand.
Kein heimtückischer
Gedanke sei hier heimisch.

Plötzlich tief verwurzelt
jeder Mensch sein Heim,
Heimat sein eigen nennt.
Verheimlicht wird auf
dieser Heimfahrt,
daß jeder nur auf
geborgtem Heimatland
wohnt. Bleibt zu hoffen,
daß auf der
letzten Heimreise
es wird jedem
heimleuchten,
weil nur der Heimgang
zur wahren Heimstatt führt.

Hinter der Fassade

Vorhänge vorgeschoben,
nachts die Rolläden unten,
so lebt es sich einsam,
mitunter auch bunter.

Welches Treiben
wo dahintersteckt,
das Wissen nicht immer
die Wahrheit aufdeckt.

Gießkannen stehen
nebeneinander
an der Friedhofsmauer,
sie kennen Freude, Trauer.

Die Regenschirme
aufgespannt sind,
nicht nur zum Schutz
von Regen und Wind.

Lucy, einst die kleine Rosi,
der Lippenstift verschmiert,
lehnt am Brückengeländer,
keine Schuld je gefriert.

Hinter die Fassaden sehen,
ob Dorf, ob Stadt,
überall Rolläden, Schirme,
Gießkannen satt.

Höhlenwand

Ich sitze in einer Höhle, allein,
an die Wand gedrückt.

Die Kerze ausgeblasen,
den Tisch abgedeckt.
Die Schuhsohlen
schon längst durchgewetzt.

Die zartduftende Blume,
verblüht.
Das Lächeln, wie der Biss
in eine Zitrone.

Windmühlenblätter
zerbersten im Sturm.
Abschiedsküsse,
der Zug fährt davon.

Mutters Kuchen, der Duft,
ein Leben lang bleibt.
Im Spiel bin ich gut,
ich werd nicht verlieren.

Krähen morgens
die Hähne noch?
Gedanken hinterlassen
ein jähes Loch.

Dunkel wie die Höhle
und doch warm.

Ein Nichts, das Licht
erstrahlen lassen kann.

Will ich all dem entkommen?
Nein, jetzt noch nicht,
nur in diesem Zustand
alles Üble kann entweichen.

Ich drücke mich noch näher
an die Höhlenwand.

Hört keiner die Schreie

Hört keiner die Schreie bei Tag und bei Nacht?
Menschenseele bist du noch nicht aufgewacht?

Schläfst du wirklich so tief und fest?
Verzweiflungen, schlimmer als die Pest.

Das Leiden, das Haß hervorbringt,
dein Körper noch nicht nach Atmen ringt?

Kann es sein, ja, ich vernehm,
du schluchzt, es ist dir unangenehm,

der Haß schnürt dir die Kehle zu,
keine Nacht, kein Tag mehr Ruh.

Verzweiflungen keinen klaren Gedanken bergen,
das Leid, den Haß zu schmälern.

Menschenseele, vielleicht, gib Acht,
reihen wir uns ein in die Schreie bei Tag und Nacht,

dann, wie die Trompeten von Jericho,
vertreiben den Haß aus der Seele, einfach nur so.

Ich bin ein Fisch

Ich bin ein Fisch,
du glaubst es nicht,
ich bin ein Fisch,
immer schon ein gejagtes
und jagendes Wesen.

Denn es ist doch so,
ich bin ein Fisch,
du glaubst es nicht,
aber wir fressen nicht nur Plankton,
sondern auch uns verwandte Spezies.

Denn es ist doch so,
ich bin ein Fisch,
du glaubst es nicht,
im Laufe der Zeit haben wir gelernt,
uns gegenseitig auszutricksen.

Denn es ist doch so,
ich bin ein Fisch,
du glaubst es nicht,
es ist ein gegenseitiges Geben und Nehmen,
und keiner von uns zweifelt an diesem System.

Denn es ist doch so,
ich bin ein Fisch,
du glaubst es nicht,
mit Gefühlen und Respekt vor dem
Mut und dem Wissen anderer.

Denn es ist doch so,
ich bin ein Fisch,
du glaubst es nicht,
in diesen Zeiten zweifle ich öfters
an den Jagdmanieren unserer Mitgeschöpfe.

Denn es ist doch so,
ich bin ein Fisch,
du glaubst es nicht,
sie jagen uns mit unfairen Methoden
und kennen weder Maß noch Achtung.

Doch ich bin ein Fisch,
ob du es glaubst oder nicht.

Ich hab einen

Ich hab einen.
Du hast einen.

Die Tiere haben einen.
Ob in der Luft,
auf dem Land
oder im Wasser.

Die Pflanzen haben einen.
Ob klein oder groß.
Die Mineralien haben einen.
Ob Staubkorn oder Berg.

Alle haben einen
Schatten.

Identitäre Demagogen unerwünscht

Mitunter wundert und fragt man sich munter,
warum viele Menschen Tatsachen verdrehen,
nur um selbst im Rampenlicht zu stehen,
dafür drücken sie anderer Rechte runter.

Sie klagen Fehler, Übel, Mißstände an,
die sie selbst in ihrem Umfeld angewandt,
ohne Zögern malen sie Teufel an die Wand,
bieten dafür Zucht, Ordnung und Zwang.

Es scheint, als bekämpften sie eigene Geister,
die in ihren Seelen führen zum Desaster,
ihr Unwesen treiben laut wie ein Ghettoblaster,
deshalb werden alle mit falscher Moral zugekleistert.

Es ist eine aus Unfähigkeit spiegelverkehrte Welt,
sie reflektiert ihre eigenen Ängste und Haß,
auf alles und jenes, das glücklich ist und lacht,
denn durch Freude fühlen sie sich falsch dargestellt.

Ihre eigenen Lügen, Mitleidhaschereien,
Betrügereien,
ihre soziale Kälte, ihre übertriebene Selbstliebe,
ihr Korsett der Unfreiheit sind die eigentlichen
Diebe,
die in ihrem Seelenheim pflichtbewußte Feste feiern.

Von seinem Erleben und Tun auf andere schließen,
kann nicht zur Wahrheit und Wissen dienlich sein,

Empathie für andere, das hat mehr mit Weisheit gemein,
verhindert Eigennutz, dann müßt ihr nichts verbieten.

Ehe ich es vergesse, ihr mögt euch selbst Volk nennen,
bitteschön, das sei euch belassen, aber ich bin Ich,
meinen Namen, meine Freiheit kriegt ihr nicht,
tut nicht so, als würden wir uns kennen.

Seid wenigstens hier ehrlich, steht zu eurem Egoismus.
Ich wurde zur geistigen Freiheit mit Liebe erzogen,
zur Identität brauche ich keine Demagogen,
das Leben, die Welt wird nur durch euch gefährlich.

Im Aquarium

Sali, Sala, Salarium,
wir waren heute im Aquarium.

Da schwammen große, kleine Fische
hin und her, es gab auch Tintenfische.

Mit Wasser reichlich gefüllte Betonkästen,
Steine, Riffe, Pflanzen nachäfften.

Die Fische schwammen teils galant
an der Wand, die Wand entlang.

Ihre Glubschaugen starrten ins Leere,
vergessen, wie es in Freiheit zu sein wäre.

Keiner schwamm dem Anderen in die Quere,
langweilten sich, als ob da kein Anderer wäre.

Kein Raufen, kein Spiel, nur klares Vakuum
und Menschen, die starrten ins Aquarium.

Man meinte, sie könnten denken:
Wir verachten euch, ihr Menschen.

Sie schwammen seitlich durchs Gefängnis,
streiften das Schauglas nur gelegentlich.

Ihre Welt ist so begrenzt im Aquarium,
drum macht alle einen Bogen drumherum.

Gebt den Fischen die Freiheit wieder, ohne Glas,
Beton, Plastik, falschen Frieden, das wär doch was?

Sali, Sala, Salarium,
wir gehen nie wieder ins Aquarium!

In einer Mondnacht

Der Mond flackerte durch die Wolken
in jener Nacht,
als die Eule zu satt war,
das piepsende Mäuschen zu jagen.

Der Bauer bestieg die Magd
schon lange nicht mehr nur betrunken,
drohte ihr immer noch, bei Verrat der Sünde
fände sie ihr Ende im Dorfteich.

Die Feier war ausgelassen wie immer,
wenn auf dem Gut der Verwalter ließ
die Puppen tanzen, manch Mädchen nicht
nur die Unschuld, auch den Verstand verloren.

Bei den Bendels betete die ganze
Sippschaft, Gott möge sich erbarmen,
in den letzten Stunden das Kind von den
verzehrenden Schmerzen zu befreien.

Der Mond flackerte durch die Wolken
in jener Nacht,
als Charlotte, die Kaufmannstochter, und
Fredi, der Handwerkssohn, von den Klippen
stürzten ins tosende Meer.

Die Wolken stoben auseinander,
der Mond zeigte sein volles Gesicht,
die morgendlichen Sonnenstrahlen waren nah.
Ob durch mehr Licht die Welt
weniger grausam, gefährlich wär,
das ist und bleibt eine Mär.

Ins Gesicht weht der Wind

Bin mir manchmal selbst ein fremdes Kind,
das aufrecht steht, ins Gesicht weht der Wind.

Der Trotz, die Sturheit sind auf die Stirn geschrieben,
egal was ich tu, ich kriege es nicht abgerieben.

Nur ein liebendes, freundliches Kind zu sein,
brennt in meinen Augen wie Sonnenschein.

Ich verstehe die Menschen, die Erwachsenen nicht,
scheinbar haben sie vergessen, zu leben, ich nicht.

Emotionen, Gedankenaustausch brauche ich zum Sein,
kein Verstecktes zum eigenen Vorteil, das tut man nicht, nein.

Ehrlichkeit, Aufrichtigkeit, Respekt habt ihr mich gelehrt,
danach lechze ich, aber ihr selbst lebt in einem Lügenbett,

ihr traut euch nicht, zu stehen zu euerm eigenen Anstand,
tragt Masken und drückt damit die Wahrheit an die Wand.

Da bleib ich lieber das verschmähte, mir manchmal fremde Kind,
gemeinsam stehen wir aufrecht, ins Gesicht weht uns der Wind.

Isabell

Isabell
war sehr schnell
mit ihrem Mundwerk,
viele fühlten sich als Zwerg,
wenn sie mit einem Satz
andere Gedanken zunichte machte.

Ihr war das nicht peinlich,
diese Menschen waren kleinlich.
Sie liebte den Moment,
wenn Argument, um Argument
auf ihrer Zunge brannte,
ihr Geist entsandte.

Isabells Spontanität
war der Genialität
des Chaos entsprungen.
Sie fand sich unumwunden
zurecht,
sobald keine Ordnung herrschte.

Man lehrte sie das Sortieren,
das Klassifizieren,
Schubladen, Ordner wurden beschriftet,
jedes Detail gelistet.
Ihr Denken glich einem Käfig.
Ihre Seele behäbig,

beschäftigt war,
daß ja kein Wirrwarr
die Ordnung störe,
denn ansonsten verlöre
man das Wissen,
Weisheit würde zerschlissen.

Die Seele vermißte ihre Flügel,
steckte ein dafür Prügel
und Unverständnis.
Bis eines Tages sie umschmiß
die Regale und Schränke,
die sie einschränkten.

Isabell entdeckte
längst vergessene, versteckte
Schätze, Erinnerungen
der Kindheit wurden gefunden.
Seither genießt sie Freiheit,
für Kafigdenken ist sie nie mehr bereit.

Jammern

Jammern, jammern, jammern,
Frauen und Männer jammern.

Sie beklagen ihr Schicksal,
es ließ ihnen keine Wahl.
Die Kälte da draußen,
es ist zum Weglaufen.
Was sie alles ertragen,
keine Rücksicht ihrer Qualen,
keiner sieht ihr Leid,
überall Feinde weit und breit.

Sie gehen täglich essen,
Massage nicht vergessen,
das Übel der Welt,
Gott vergelt's.
Das Klimpern in den Taschen,
Freunde haben es da gelassen,
Elektronik eine Selbstverständlichkeit,
man geht doch mit der Zeit.

Ihr Frust ist groß,
was ist mit der Welt los,
ihre Sorgen stets die Größten,
für Freunde gibt's kein Trösten.
Im Mittelpunkt steht ihr Leid,
jeder Freund wird zum Feind,
der dies durchschaut
und aus dem Weg gerault.

Sie leben meist mit Krankheiten,
um damit Mitleid zu erheischen.
Sie lassen keine Option offen,
nur sie, immer sie betroffen
von Mißgunst, Neid, Haß,
jeder will ihnen was.
Sie sind die Lieben, Netten,
das andere stets abwerten.

Falschheit läßt sich schlecht erkennen,
wenn ihre Lider meistens flennen
und sie nur bei ihren Themen
gestikulierend reden,
was alles sie getan und tun
und keiner sieht ihren Ruhm.
Sie kennen von dir nur ihren Nutzen,
benützen dich zum Schuheputzen.

Ihr Jammertal ist selbst erschaffen,
ihr Leben in der Berge Schatten
soll andere betroffen machen.
All dies Wissen wär zum Lachen,
würden die Nöte der Bedürftigen
die, die nicht nach Hilfen
schreien, rechtzeitig erkannt werden,
bevor sie sich das Leben nehmen.

Kartenspiel

Kartenspiel einsam
allein
auf dem sauberen Klo,
rinnendes Wasser
in der zurecht gemachten Straße
schreiender Kinder -
unaufhörliches Spiel.

Kartenspiel einsam
allein
im aufgeräumten Kleiderschrank,
laufendes Gehen
in der hergerichteten Wohnung
erzählender Frauen -
nie enden wollendes Spiel.

Kartenspiel einsam
allein
im bequemen Sessel,
eingetrocknete Tropfen
im strahlenden Fenster
spiegelnder Mädchen -
aufreizendes Spiel.

Kartenspiel einsam
allein,
ausgetrocknete Weinbeeren
im sagenden Mund,
vergessen gesehen
von bunten Bändern
der Augen.

Kein Interesse

Traurig wie ein Clown,
der heftige Kopfschmerzen hat,
aber trotzdem vor seinem Publikum
Späße treibt und lacht.
So fühl ich mich, weil niemand fragt:
Wie geht es Dir?
Nein, kein Interesse.

Schnüre verknotet
wie ein Spinnennetz vom Wind,
die Spinne aber trotzt dem Sturm,
weil genügend Futter vorbeifliegt.
So fühl ich mich, weil niemand fragt:
Wie geht es Dir?
Nein, kein Interesse.

Die Erde vertrocknet,
kein Regen in Sicht,
wie ein Samenkorn durch Schale geschützt
im richtigen Augenblick zu keimen.
So fühl ich mich, weil niemand fragt:
Wie geht es Dir?
Nein, kein Interesse.

Auch wenn diese Zeilen schwermütig klingen,
so sind sie voller Zuversicht und Stolz,
laß dich nicht unterkriegen von all
den Lügen und Schmeicheleien.
So fühl ich mich, weil niemand fragt:
Wie geht es Dir?Nein, kein Interesse, ich bin okay!

Keine Angst

Ich will keine Angst haben,
mich am Leben laben.
Wände verschieben,
mich in anderen spiegeln.
Über Zäune springen,
fröhliche Lieder singen.
Werde mir nie verbieten lassen,
was ich soll lieben, was hassen.
Will eigene Erfahrungen machen,
auch wenn sie sind nicht zum Lachen.

Ich will keine Angst haben,
mein Lebenswandel könnte mir schaden.
Wenn ich es nicht ausprobiert,
mein Herz, mein Verstand gefriert.
Gedanken können ins Weite hüpfen,
wenn der Körper kann sich nicht bücken.
Für euch mag ich die verrückte Alte sein,
für mich bleibe ich das Kindelein,
das noch gerne in Pfützen hüpft
und den Schnupfen die Nase hochzieht.

Ich will keine Angst haben,
eure Furcht in mir tragen.
Du darfst dies und jenes nicht,
mußt still sitzen, nur das hat Gewicht.
Sittsam und fleißig Sein ist gewünscht,
ins Höllenfeuer du sonst verschwindst.
Und wenn ich euch nun sage,
der Herrgott sieht in mir keine Plage,
ich erfreue ihn mit meinem Wesen,
Angst ist der Zaun zu ihm für mich gewesen.

Keineswegs immer nur friedlich

Ich bin ja so friedlich, so tief entspannt,
gleich schmeiß ich was gegen die Wand.
Sag ja keiner, komm beruhige dich!
Der spürt ansonsten den Kehrwisch!

Verdammt nochmal, laß mich wütend sein,
kriegt euer Leben in Griff, laßt mich allein.
Hört mit dem beschwichtigen Gesäusel auf,
Wut braucht wie Fröhlichkeit ihren Lauf.

Ich will mich nicht beschwichtigen lassen,
solange der Pöbel brüllt auf den Straßen.
Und wenn ihr denkt, ich fühl mich nicht wohl,
wißt ihr was, da irrt ihr euch gewaltig, jawohl.

Ich bin ja so friedlich, so tief entspannt,
gleich schmeiß ich was gegen die Wand!
Welche Laus mir über die Leber gelaufen ist?
Eine? Hunderte, tausende Ratten, so ein Mist!

Magenkrämpfe, Kopfweh verursachen sie mir,
sie fressen die Menschlichkeit, so ein Getier
marschiert, durchschreitet unsere Gassen,
brüllen Volk, fühlen sich verkauft, verraten.

Haben nur auf einen Grund, Anlaß gewartet,
damit ihre Unzufriedenheit im Haß vieler ausartet.
Nennen mich Gutmensch, folgsames Schaf.
Wollen wieder Gehorsam, sonst schießen sie
scharf.

Ich bin ja so friedlich, so tief entspannt,
gleich schmeiß ich was gegen die Wand!
Für die Freiheit habe ich Wut im Bauch,
denn, ich Mensch, bin eine Löwin auch!

Kleine unscheinbare Maus

Ich bin eine kleine unscheinbare Maus.
Für euch sehe ich immer grau aus
oder braun, doch das bin ich nicht,
wenn im warmen Fell Licht sich bricht,
schimmert, glitzert in den Haaren
jedes einzelne in Regenbogenfarben.

Oft verkennt ihr unser Dasein, mein Ich,
denn manchmal schreit ihr fürchterlich,
wenn ich durchs Gras, Haus husche,
meistens weil ich was zu essen suche.
Ihr laßt uns durch eure Katzen jagen,
das Spiel ist alt, das kann ich euch sagen.

Ich kenne eure hinterhältigen Fallen,
die hellen Versuchskaninchen-Hallen,
in denen ihr uns qualvoll mißbraucht
für Medizin, Kosmetik, die ihr gebraucht,
um länger, schöner, eitler zu schweben
durch die Welt, unser Tod für euer Leben.

Jedem Baby, Kleinkind zeigt ihr Bildchen
von den süßen, putzigen, lieben Mäuschen,
in Büchern stehen Geschichten geschrieben,
wie wir leben auf den Feldern und Wiesen.
Alles verklärte heuchlerische Worte und Sätze,
ihr belügt eure Kinder, die staunen Bauklötze,

wird ihnen irgendwann die Wahrheit bewußt,
wie betrogen sie wurden, und aus Frust
sperren uns einige in winzige eckige Käfige ein,
andere dagegen schlagen wahllos uns klein.
Sie lassen uns büßen für euer böses Wesen,
zeigt ihnen von Anfang an euer Bestreben,

nach Herrschaft, Besitz, Macht, Eitelkeit,
man kann besser verstehen, wenn Feigheit,
Heuchelei, Gier in Gesichtern sich spiegeln,
steht zu euren falschen, widerlichen Umtrieben.
Warum wir beide auf Erden umherschleichen?
Nimm das Handy, Gott ist immer zu erreichen.

Libelle

Eine Libelle
fliegt auf die Schnelle
aufs Revers von Herrn Sundern
und läßt sich bewundern.

Seine Kinder staunen
mit weit aufgerissenen Augen
über ihre Farbenpracht
mit glitzernder Leuchtkraft.

Spaziergänger bleiben stehen,
um näher hinzusehen.
Keine Brosche, fürwahr
dieser Augenblick, unbezahlbar.

Sie übertrumpfen sich mit Wissen
über dies Tier, sie scheint zu grinsen
und hebt ab, steht still in der Luft,
für heute reicht der Naturunterricht.

Lichter der Stadt

Des Nachts entschwand er immer,
liebte das Scheinen, das Geflimmer,
der großen Stadt entgegen,
der Lichter wegen.

Beim Arbeiten in der Fabrik,
vermißte er den Kick,
das Schöpferische eben,
entfloh damit dem trostlosen Leben.

Berauscht von den Lichtern der Stadt,
seinem Zuhause, seiner Wohnstatt,
erklangen in ihm Kraft und Wille,
Sehnsucht und Stille.

Und er war wieder voll Leben,
dem nächsten Tag entgegenzustreben.
Um mehr von seinem Genuß zu haben,
trug er öfters Brillen mit bunten Glasfarben.

Als er so glücklich schlenderte,
seinen Blick mal hier, mal da hin wendete,
übersah er durch das bunte Glitzermeer
das Auto, die Lichter der Stadt sah er nie mehr.

Liebe überdauert alle Zeit

Meeresschaum und Wellenschlagen,
die Zeit vergeht, ob mit Freuden oder Klagen.
Das Lachen, das Lachen war schön
wie die klare, weite Sicht bei Föhn.

Die langanhaltende Musik dieser Freude
übersteht die Zeit, die Felsen, die als Beute
in kleinen Stücken vom Meer geschluckt
und als Kieselsteine an Land gespuckt.

Dies Lachen, das den Tag hat begrüßt,
wie ein lauer Sommerregen die Natur begießt
mit feinen Wassertropfen, die mehr streicheln,
anstatt Erde in kurzer Zeit aufzuweichen.

Dies Lachen hallt durch Mark und Bein,
durch Luft, durch Wasser, durch Felsgestein,
weil es aus tiefster Seele, dem Paradies,
dem Ort der Reinheit sich ergießt.

Zur gleichen Zeit in beider Herzen erwacht,
als sie erkannten dieselben Träume der Nacht,
das Meer, die Felsen gemeinsam erlebt,
engumschlungen die Körper wie verwebt.

Dies Lachen, die Freude, die den Tag hat erhellt,
zwei Wesen kurzweilig zu einem beseelt,
ohne Fragen, Antworten, irgendwann
Vergangenheit,
wird aufgrund der Liebe überdauern alle Zeit.

Lucinde auf Kur

Lucinde
reist mit ihrem Gesinde
wie jedes Jahr
zur Kur nach Spa.

Die Reise ist beschwerlich
und nicht ganz ungefährlich,
Mann, Kinder bleiben zu Hause,
sie genießt diese Pause

weit entfernt von der Heimat,
ein neues Leben findet statt.
Nicht die Bäder, Massagen
erquicken sie über Maßen,

sie hat viele Freunde hier,
sonnt sich mit ihnen im Spalier
auf der großen Terrasse,
damit man niemanden verpasse,

über den man mal reden kann,
arglos und ohne Belang.
Solange es einen nicht betrifft,
sprüht man ein klein wenig Gift.

Man kann ja nicht jeden mögen,
Lästern ist auch Gott gegeben.
Hier sind Sitte und Anstand
manchmal nur ein Vorwand,

um völlig ungezwungen
nicht nur den Zungen,
sondern auch den Körpern
Blöße zu geben, zu verwöhnen.

Die Zeit der Kur rennt vorbei,
Lucinde kauft noch allerlei
für die Liebsten, das Gesinde
trug all die Zeit eine Augenbinde,

es sich ja nicht versünde
ob der vielen Abgründe,
die sie zu Gesicht bekamen,
nächstens wollen erneut mitfahren.

Frisch erholt fährt Lucinde
Richtung Heimat ganz geschwinde,
die Zeit möge eilen,
um nochmals in Spa zu verweilen.

Manchmal denke ich

Manchmal denke ich rot
Manchmal denke ich Angst
Manchmal denke ich Traum
Manchmal denke ich klug
Manchmal denke ich Segen

Manchmal denke ich Klarheit
Manchmal denke ich grün
Manchmal denke ich Morgen
Manchmal denke ich Glück
Manchmal denke ich Überheblichkeit

Manchmal denke ich Sterne
Manchmal denke ich Mut
Manchmal denke ich blau
Manchmal denke ich Verzweiflung
Manchmal denke ich Trauer

Manchmal denke ich versagen
Manchmal denke ich Meer
Manchmal denke ich Frieden
Manchmal denke ich gelb
Manchmal denke ich Zukunft

Manchmal denke ich Hass
Manchmal denke ich Mensch
Manchmal denke ich essen
Manchmal denke ich Buch
Manchmal denke ich schwarz

Manchmal denke ich Garten, Welt, Mathematik, Verzeihung, Geister, gestern, Mutter, Blatt, Arbeit, Begehren, rennen, Telephon, Gehweg, Zylinder, Maus, schwingen, Knall, verrückt, Mond, Schokolade, See, Hörner, Versuchung, Mitleid, Hermann Hesse, Figur, acht, Feigling, Schönheit, Mythologie, grau, Lümmel, Fortschritt, weinen, Schnaps, Kinder, Gefahr, schummeln, Pfirsich, müde, kichern, kurz, Glatze, Zirkus, verwöhnen, weiß, Zeit.

Manchmal denke ich an dich, nur an dich allein.
Manchmal denke ich an dich und freue mich.
Manchmal denke ich an dich und liebe dich.

Menschsein

Ich empfinde, aufgrund
meiner erlebten Gefühle.

Ich liebe, aufgrund
meiner erfahrenen Zuneigung.

Ich weiß, aufgrund
meiner erlernten Kenntnisse.

Ich glaube, aufgrund
meiner ungeklärten Fragen.

Ich lächle, aufgrund
meines unerwarteten Glücks.

Ich weine, aufgrund
meiner ungeheilten Schmerzen.

Ich träume, aufgrund
meiner erhofften Wünsche.

Ich trauere, aufgrund
meiner verlorenen Hoffnungen.

Ich erlebe dies, aufgrund
meines Menschseins.

Und nicht aufgrund von
Jugend, Alter,
sozialer Herkunft,
Zugehörigkeit zu einer
Nation.

Mondkalb

Warum, wieso, weshalb,
findet keiner das Mondkalb?

Vielleicht, weil es sich verstecken tut!
Vielleicht, weil es sitzt unter seinem großem Hut!

Manch schlaflose Nacht schon mancher verbracht
bei der Suche nach seinem Palast.

Sie fanden goldene und schwarze Hüte,
zu Stein erstarrte Fußabtritte.

Sie legten Pläne vor, welche sie gegangen,
mit Schweiß auf der Stirn und Wangen.

Sie sangen magische Lieder auf diesen Pfaden,
um sicher den Schritt ins Ziel zu wagen.

Sie nahmen Schmuck und Edelsteine mit,
aber das Mondkalb zeigte sich nicht!

Manch einer zog eine glänzende Rüstung an,
ihm zu imponieren, aber auch das kam nicht an.

Ganz Verzweifelnde nahmen schöne Mädchen mit
auf die Reise, und kamen zurück zu Dritt.

Dann kam einem die Idee, er war Erfinder,
und er erfand einen Hut, den Zylinder.

Noch heute bei besonderen Anlässen zeigen sich
all die Mannen, die immer noch, wie verwunderlich,

das Mondkalb finden wollen und besessen
daran glauben, dann seien auch sie unvergessen.

Wie tückisch doch manche Mär sein kann!
Denn kein Wissen, kein Glauben, kein Wahn,

kein Reichtum, kann unvergessen machen,
dazu braucht man nur – das Lachen.

Und das Mondkalb, das sitzt weiterhin
bei sich zu Hause vor dem Kamin

und wartet geduldig auf den Tag, ihr Leut,
an dem ihn jemand mit Lachen erfreut!

Nachts im Schaufenster

Wenn die Schaufensterpuppen nachts zusammenstehen
und sich leise flüsternd erzählen, was sie tags gesehen,
dann rinnt der Fluß der menschlichen Überheblichkeiten
durch modellierte Kehlen, die haben nichts zu verkleiden.

Das Kind, das trotzig, schreiend sich auf die Straße wirft,
die junge Frau, die aufreizend, lockend ihren Freier trifft.
Frauen, die die Waren nach dem teuersten Preis aussuchen,
damit jeder erkennt, sie haben erklommen materielle Stufen.

Der Hund, der angeleint wimmert, auf den Gehsteig scheißt,
vom Jugendlichen, der mit einem Stein die Scheibe einschmeißt.
Das blonde Mädchen, das heimlich mit einer Flaschenscherbe,
Kratzer ins Auto zieht, damit das Auto leide und sie nicht sterbe.

Das Hupen von unzähligen Autos, die ihre Runden fahren
im Korso, eine Hochzeit feiern, um Erinnerung zu wahren,
was für tolle Freunde sie doch waren, für die ersten Zwistigkeiten,
sie parteiisch sich verhalten, damit erst recht die Ehen scheitern.

Der Alte, auf dem verdreckten Schlafsack, in sich versunken,
die Umwelt kaum wahrnimmt, täglich bettelnd sitzt, für Stunden.
Das Pärchen, das gemeinsam, eingespielt, klaut wie die Raben,
nicht weil sie es bräuchten, sondern um noch mehr zu haben.

Wenn die Schaufensterpuppen nachts zusammenstehen
und sich leise flüsternd erzählen, was sie tags gesehen,
dann geschieht das nicht aus dem Wunsch unerfüllter Träume,
ihr Blick ohne Masken, hat keine Angst, daß er etwas versäume.

Neues Leben

Simone wirkt in letzter Zeit bedrückt,
sie weiß es selbst,
ihr Rücken oft sehr drückt,
sie müht sich, aufrecht zu gehen.

Sie stolziert mit dem Gefühl,
kalte Hände umfassen ihre Schultern,
durch das tägliche Menschengewühl,
kleine Schritte führen auch zum Ziel.

Lange wird es nicht mehr dauern,
man kann es ihr ansehen,
immer öfter muß sie schauern,
sie weiß, der Termin steht.

Manchmal ergreift sie Angst,
aber auch überschwängliches Glück.
So vieles ist noch unbekannt.
Obwohl sie so viel darüber gelesen.

Die Nächte sind zunehmend
schlaflos, wälzend.
Freude und Unsicherheit zusehend
sich abwechseln.

Sorgen, ist alles wirklich durchdacht,
Hilfe in der Not, vielleicht nicht da.
Ihr Freund hat sie zärtlich angelacht.
Wir schaffen das.

Simone schreit, versucht sich zu winden,
tröstende Worte
zu ihr vordringen.
Sie schreit, Furcht, Schweiß,

ihr Freund, nah bei ihr, nah am Weinen,
sagt, schrei, Liebes, schrei,
dann ein kläglich hohes Schreien,
ihr Kind auf der Brust, jetzt sind sie zu dritt.

Nie mehr allein

Emma saß am Straßenrand,
den Trauring in der Hand.

Die Schokolade schon gegessen,
weil sie ihre Jacke vergessen.

Trübsinnig starrte sie aufs Pflaster,
Tropfen schleuderte ein Laster

gegen ihr verweintes Gesicht,
doch das störte sie nicht.

Den Schirm unterm Arm geklemmt,
den Kopf leicht nach vorne gesenkt,

um sich vor dem Regen zu schützen,
suchte sie einen Weg entlang der Pfützen,

damit nicht noch ihre Socken naß würden
zur anderen Straßenseite, nach drüben.

Der Weg nach Hause war nicht mehr lang,
doch war es ihr bei der Vorstellung bang,

den Trauring, den sie so sehr liebte,
allein bei dem Gedanken schon vermißte,

es ihr nicht möglich war, ihn zu behalten.
Sie las die Gravur „E. von Salten"

während des schweren Gangs nach Haus.
„Paß doch auf kleine Maus!",

pöbelte ein vorbeieilender Passant,
lächelnd zu ihr hingewandt.

Die weiße Hochzeit, Kutsche, Gratulanten
durch diesen Satz verschwanden.

Sie hörte die Worte, kaum die Türglocke läutete:
„Liebes, du kommst aber spät heute!"

„Du bist ja völlig durchnäßt!
Warum hältst du die Faust so gepreßt?"

„Ich hab an der Straße was gefunden,
ging mit dem Kopf nach unten,

weil der Schirm kaputt gegangen,
da hab ich ihn mitgenommen,

da ist was tätowiert." „Graviert", mein Schatz.
„Mama, wenn ich groß bin, soll ein ganzer Satz

in meinem Ring zu lesen sein:
Emma ist jetzt nie mehr allein!"

Nie wieder Krieg, Papa!

Er weint.
Sie klettert zu ihm auf die Küchenbank.
Er schluchzt.
Das dreijährige Mädchen bemerkt zum erstenmal,
daß der rechte Arm des Vaters nicht da ist.
Er heult.
„Wer war das?"
„Der Krieg."
Sie streichelt ihm die Tränen vom Gesicht.
Er umarmt seine Tochter mit dem linken Arm.
„Wenn ich groß bin, gibt es nie wieder Krieg, Papa!"

Ruhelos des Nachts

Der Abend gelaufen,
Nacht zu verschnaufen,
hat er so gedacht,
aber es war Mitternacht.

Der Park erhellt durch Lampen,
trotzdem seine Beine schwanken,
als ging er über heißen Sand,
Wellen schlugen an den Strand.

Den Wasserhahn nicht zugedreht,
was läuft denn hier verkehrt?
Am Hafen der Luxusdampfer tönt,
ein Zug durch den Tunnel dröhnt.

Schaffner brüllt: „Wer zugestiegen?"
Fahrkarten ein Loch kriegen.
Stundenlang die Welt berauscht,
vorbei an Klippen getaucht.

Die Flugbahn der Rakete
gleicht dem Schnitt mit der Machete,
die das hohe Gras zerschnitt,
für einen besseren Ausblick.

Wieder das Wasserrauschen,
er wollte längst eine neue Brille kaufen.
Die Uhr, die tickt, der Kuckuck ruft, einmal,
er sitzt auf dem Klo und schläft erstmal.

Rumpelchen und Rumpelstilz

Rumpelchen und Rumpelstilz
wollten gemeinsam reisen in die Schwyz.
Doch es gab da etliche Probleme
wie zum Beispiel, welche Strecke man nehme,
und ob mit Zug, mit Auto oder ein Flug in Betracht
käme, per Schiff, da haben beide noch gelacht.

Es sollte etwas besonderes sein, viel passieren,
damit man anderen konnte imponieren,
was so alles geschehen mag auf einer Reise,
nur Schönes und Gutes, dachten sie beide.
Und günstig soll es werden, nicht billig,
dann besser mit Zug von Wasserbillig?

Also mit Auto zuerst, dann mit dem Zug,
das kostet Zeit, dann doch lieber ein Flug.
„Ach, ich weiß nicht", Rumpelchen meckerte,
„vielleicht kümmern wir uns zuerst um die Strecke,
und wo soll es hingehen, zuerst nach Zürich,
Basel, St. Gallen, Genf, kannst du Französisch?"

„Blöde Frage, was soll das, das weißt du genau",
schreit erbost Rumpelstilz, „und tu nicht so schlau,
als ob du ne Fremdsprache sprichst,
du kannst nicht mal Hochdeutsch nicht.
Man muß sich ja schämen, bei dir heißt
„wie bitte" immer noch „hä" und die Schweiz

„Schwyz". Obwohl du weißt, das ist ein Kanton,
wie Schaffhausen, Luzern oder Solothurn."
„Jetzt sei doch nicht so bös, mein Bärle",
flötete Rumpelchen allerliebst, „und nörgle
nicht an mir herum, immer fängst du an zu streiten,
mit dir kann man nie etwas in Ruhe vorbereiten."

„Dann plan doch die Reise allein und fahr fort,
ich kann mich genug beschäftigen mit dem alten Ford
in der Garage." „Ah, daher weht der Wind, ahnt ich`s,
du wolltest von Anfang an nicht in die Schwyz."
„Schweiz, verdammt nochmal", er griff nach den Schlüsseln,
sie hörte auf dem Hof laut die Autoreifen quietschen.

Die nächsten Tage sprachen sie kein Wort miteinander,
die Stimmung war eisig und kein bißchen heiter.
Am Abend vor dem Urlaub redeten sie gleichzeitig,
und in dieser Nacht liebten sie sich.
Am nächsten Tag sind sie beide einfach losgelaufen,
man wird sich schon irgendwie zusammenraufen.

Schwarz wie die Nacht

Schwarz wie die dunkelste Nacht,
schleicht sie zu mir ganz sacht.
Sie schmiegt sich zärtlich an mich,
ihre Bewegungen sehr zögerlich.
Sie konnte nicht widerstehen,
auch mal fremdzugehen.

Die Gelegenheit war günstig,
ertappt zu werden sehr winzig,
da alle mittags im Freibad waren,
bei diesen heißen ersten Tagen.
Ich blieb im dunklen Zimmer zurück,
Kopfschmerzen hatten mich erwischt.

Ansonsten bin ich für sie Luft,
ihre kalte Schulter zeigt sie mit Genuß.
Aus den Augenwinkeln beobachtet sie
mein Verhalten, Augenkontakt gibt's nie.
Für sie bin ich seit Monaten geduldeter Gast,
ein Eindringling, Männer scheinen ihr verhaßt.

Sie versucht vorsichtig, die leichte Decke
anzuheben, damit sie mich nicht aufwecke.
Ihr Ziel hat sie wohl endlich erreicht,
denn ihr Schnurren entweicht
mit immer lauter werdenden Tönen,
ihre Pfoten massieren die Achselhöhlen.

Damit ist das Eis scheinbar geschmolzen.
Die erste Annäherung mit ihr, der stolzen
Lizzy, die eigenwillige Persönlichkeit,
die, die Liebe ansonsten nur mit Frauchen teilt,
verdeutlicht, sie kann mich riechen,
Hoffnung besteht, mit ihr Freundschaft zu schließen.

Sei dein Kind

Sam ba rush.
Mish se ren!
Tir tut fol.
Höm fe sel.

Tum tum ga.
Tum tum ga.
Ren je ke.

Höstor jyt.
Gauz eh fai?
Har le wom.
Vit me fär.

Tum tum ga.
Tum tum ga.
Ren je ke.

Traurig sind die Gesichter.
Der Abend kalt!
Über mir Gelächter.
In mir Einsamkeit.

Sieh, sieh hin.
Sieh, sieh hin.
Sei dein Kind

Sie wirken ausgelassen.
Der Tag berauscht?
Nebenan die hassen.
Letztes Gewissen fault.

Sieh, sieh hin.
Sieh, sieh hin.
Sei dein Kind.

Sicherheit

Wer kennt sie auch noch, die Zeit,
als wir unbefangen freudig bereit
den ausgelutschten Kaugummi
von Ulla, Tina, Bernd, Anna, Uli
mit Wohlwollen entgegennahmen,
wir waren schließlich Banden,
die alles, alles miteinander teilten,
Lutscher, sogar die Verwandten.

Manchmal waren wir Namenlose,
manchmal gaben wir uns famose
Bezeichnungen, wie Donnerritter,
beste Köpfer, rote Fahnenhisser,
waren stolze Weltverbesserer
und unerschrockene Allesesser.
Hatten ein Anrecht auf diese Welt,
haben uns gegen Altes gestellt.

Die Zeit änderte etliche Gruppen,
jemanden den Buckel runterrutschen,
war jedem natürlich freigestellt,
jeder war sich selbst der Held.
Freiheit oberstes, wichtigstes Ziel,
die Antriebsfeder, das Ventil,
nicht stecken zu bleiben im Trott,
frische Ideen, das war das Komplott.

Irgendwann kam der Umbruch,
der alte Kaugummi landete im Busch,
nicht mehr in des Freundes Mund,
Loslösen hat begonnen, kein Verbund
hielt mehr auf eigenen Beinen stehen,
alle wollten eigene Wege gehen.
Manche in Vereinen, politischen Parteien
neue Bande eingingen. Zuweilen
hört man von welchen, die ihre Banden,
ihre Sicherheit, in sich selber fanden.

Sie sind weg

Sie sind weg, einfach fort,
leben jetzt an einem Ort,
den ich nicht kenne,
deshalb ich nicht flenne.

Es ist, als ob Schmerz,
der plötzlich aus Herz,
aus Leib und Seele
sich davon stehle,

dich allein der Welt
überläßt, egal ob du fest
oder noch federnd
vermisst das Elend.

Alles ist ruhig und still,
nicht weil ich das will,
sondern ein Wunder
trieb weg den Plunder.

Deshalb singe ich ein Lied
und danke dem Dieb,
dem Wunder, dem Glück,
damit er sie nicht zurückschickt.

Sie sind weg, einfach fort,
leben jetzt an einem Ort,
den ich nicht kenne,
deshalb ich nicht flenne.

Silberfäden im Haar

Silberfäden durchzogen ihr langes Haar,
ihre Bewegungen alles andere als starr.
Von hinten anzuschauen wie eine junge Frau,
ihre Mimik das Lächeln, stolz wie ein Pfau.

Das Alter hat ihre dunkle Haut welken lassen,
die Wörter sprudeln wie Wassermassen,
wenn sie spricht, spürt man Lebensfreude,
kein böses Wort der Vergangenheit, keine Reue.

„Das Leben ist wie eine Bergwanderung,
du siehst den Gipfel, Nebelschwaden ringsrum,
du verirrst dich trotz Anstrengung, immer wieder,
gehst zurück, im Kreis, läßt dich eine zeitlang
nieder.

Beweinst die Menschen, die entweder zurück
oder gestorben sind, woanders fanden das Glück.
Der wolkenumhangene Gipfel schien manchmal
nah,
ein Irrtum, anderntags schien die Sonne, wunderbar.

Die einzige Mühsal, das ist erst im Alter zu
erkennen,
die Strecke zum Gipfel ist kein Pferderennen,
deine Stärke zeigt sich auf den letzten Metern,
es ist die Kraft, durch Nebel den Gipfel zu betreten,

die Herrlichkeit der Wegstrecke, die Serpentinen,

die Nachtlager, die Bäume, die verwobenen Linien,
die Weite, die spärliche Luft, die das Atmen erschwert,
spürst dein Innerstes, Tod, dies Leben war es wert.

Dieser Moment zählt bei weitem zu den schwersten,
Zukunft, jetzt, Vergangenheit auf einmal im Herzen."
Sie nestelt an ihrem Haar, wischt eine Strähne fort,
in ihrem Gesicht spiegelt sich das Lächeln der Geburt.

Sing mir ein Lied

Sing mir ein Lied vom Leben,
wie es sich anfühlt, gerade eben.

Den Schmerz, den du spürst,
der eiskalt dein Herz berührt.
Laß mich mit dir fühlen,
bezwing den Schmerz nicht mit Lügen.

Wie fühlt sich an bei dir Freude,
kommst du dir vor, als schleudere
dich das Karussell im Kreis,
bis dein Herz ist kochend heiß?

Sing mir ein Lied vom Leben,
wie es sich anfühlt, gerade eben.

Du lebst in völliger Einsamkeit,
niemand mehr das Leben mit dir teilt.
Um wieder mal eine Stimme zu hören,
liest du leise, ohne die Nachbarn zu stören.

Des Nachts bist du auf Trebe,
als ob es kein Morgen mehr gebe.
Tummelst dich zwischen Menschen,
frei, ohne Furcht und Bedenken.

Sing mir ein Lied vom Leben,
wie es sich anfühlt, gerade eben.

Du willst mit mir gemeinsam singen,

sogar auf Tische und Bänke springen,
weil du dich gerade losgelöst fühlst
von allem, was dich am Boden hielt.

Dies ist mein Lied vom Leben,
mal traurig, mal fröhlich, eben.
Mal verrückt, mal ins Ich versunken,
mal von Trauer, mal von Spaß betrunken.

Sing mir ein Lied vom Leben,
wie es sich anfühlt, gerade eben.

Soldatengräber

Und man fragte mich, warum?
Ich aber blieb stumm.

Konnte es mir selbst nicht erklären.
Warum Tränen flossen in Strömen.
Trieften die Erde naß,
ich schien zu versinken im Morast.

Und man fragte mich, warum?
Ich aber blieb stumm.

Ich war zu jung, um zu begreifen,
mußte dennoch die Leichen beweinen.
Männer, die ich nicht kannte.
Schildchen mit Namen mich übermannten.

Und man fragte mich, warum?
Ich aber blieb stumm.

Deren Schicksal, ungewiß, irgendwo gestorben,
mehr weiß man nicht. Ich war voll Sorgen.
Ich weinte für die nicht Zurückgekehrten,
die Gefallenen aus den Weltkriegen.

Und man fragte mich, warum?
Ich aber blieb stumm.

Die Schildchen, wie Wappen geformt,
noch heute mein Leben nicht verschont,
mit unsäglicher Trauer, wie als Kind,
warum, warum schrei ich in den Wind?

Und man fragte mich, warum?
Ich aber blieb stumm.

Sie stehen, singen die alten Lieder,
Ehre, Stolz und Vaterland hallen wider.
Ihr, die ich beweint, werdet als Helden geehrt,
steigt auf aus den Gräbern und wehrt,
ihr seid Zeugen, den Fanatismus ab,
ihr wißt, das führt ins kalte Grab.

Und fragt ihr mich heute, warum?
Weil euer Tod gänzlich umsonst,
zum besseren Mensch, kein Ansporn.
Darum!

Sonnengrün und schattengelb

Sonnengrün und schattengelb verlaufen meine Tage;
niemand nimmt Notiz davon, ich bin halt hier, keine Frage?
Eingeschweißt im Alltagstrott funktioniert mein Ich nach außen.
Immer lächeln, nicht verzweifeln, so wirst du gewünscht von Freunden.

Meine Gesichter mimen zwar manchmal den Verlust der Lebensenergie,
doch ich weiß zu überspielen, seit meiner Kindheit, das verlernt man nie.
Und wenn der Mond mir blau erscheint, weiß ich, hab ich zu viel geweint,
dann fürchte ich mich vor der blauen Flut, die aus mir das Weite sucht.

Doch wenn die Tränen sind angeschwollen zum Meer, zum See, zum Fluß,
kann ich auch endlich mit den Wellen hinaus in den unbekannten Überfluß.
Melancholie und Glücklich sein, Gewitterstimmung mit Regenbogen,
da wandel ich dann gerne lang, denn ich steig auf und rutsche runter,
im Farbengemisch find ich Chaos und Ruh, je bunter, desto kunterbunter,
desto frecher die Farben ich setze für all das schmerzhaft Verletzte.

In dem Farbenrausch vermisse ich keine Freunde,
vermisse mich nicht.
Bin nur noch Freude, bin weiß, dachsbraun,
flamingorosa, zartlila,
bin einfach nur hier, bei mir, ohne Maske, ohne
mich.
Trotzdem bin ich ich, ich, ich. Und sie alle lieben
mich,
das ständige Dickicht der Anwesenheit verlischt.

Ich weiß, ihr seid wie ich, ihr funktioniert durch die
gleichen Mechanismen,
eure Mimik ist genauso eingespielt, auch euch
erscheint der Mond blau gefärbt,
wenn ihr weint und ihr seid allein und euch keine
freundliche Stimme nährt.
Vielleicht treffen wir uns mal nächstens beim
Regenbogen und rutschen
in Farben getaucht munter in unsere einsame Welt,
die uns ein neues Lebensgefühl bereithält.

Süffisant und Arrogant

Süffisant und Arrogant
saßen im Restaurant
und aßen Hummer.
Ihr bereitete dies Kummer,
nicht daß ihr das Tier leid tat,
sondern wie man es handhabt,
an das Fleisch zu kommen,
irritiert und etwas beklommen:
„Arrogant, es ist schon länger her,
daß ich aß dies Tier vom Meer,
hier sind nur Messer und Gäbelchen,
ich bräucht ein kleines Hämmerchen."

„Süffisant, Dummerchen, diese Dinger
bricht man mit der Hand, da die Finger,
an der Schere jetzt leicht drehen,
der erste Schritt ist schon geschehen."
Arrogant zeigte ihr ganz elegant,
die nächsten Schritte: „Eine Hand
auf dem Hummer, mit dem Messer
ein Schnitt durch den Panzer, besser
von vorn nach hinten, Kopf weg,
schon geht's ran an den Speck."

Sie legte ihre Hand auf den Hummer,
ein spitzer Schrei, Geschirr in Trümmer,
Süffisant, blaß, nein, weiß wie Kreide,
schielte auf ihre Finger und weinte.
„Dies gemeine Biest trägt mein Rot,
nie eß ich sowas, auch wenn es tot!
Das wär, als wenn ich mich aufeß!"
„Süffisant, mach doch keinen Streß!"
„Daß dich das nicht stört, hab doch gesehen,
du bleibst ja eh an jeder Currybude stehen!"

Susi und Marie

Oft an sonnigen Tagen, Susi und Marie
sind auf dem Spielplatz vis-à-vis.
Susi schaukelt vor und zurück,
Marie wie immer das Handy zückt.

Ihr neuer Freund stets mit dabei,
wenn auch nur online.
Susi tanzt über den Holzbalken,
ihre ausgestreckten Arme schwanken

hin und her, fürs Gleichgewicht,
schon fällt sie, nicht aufs Gesicht,
sondern auf die Knie,
verdreckt die neuen Overknee.

Marie zückt wieder das Handy,
jetzt gibt's zur Erinnerung ein Selfie,
leidlich guckende, zerzauste Susi,
mit Mundkuß strahlende Marie.

Susi hinkt zum Karussell,
dreht am Mittelrad sehr schnell.
Sie lacht, verliert das Gleichgewicht,
Marie tut so, als sieht sie es nicht.

Jetzt torkelt Susi zur Wippe.
„Marie, komm schaukeln, bitte!"
„Nee, das mach ich doch nicht!
Mensch, Oma, du bist so peinlich!"

Treue

Sie wollte nicht in der Nacht fahren,
dennoch befreite sie das Rasen
durch die leeren Straßen
von endlosen Fragen.

Sie liebte eines dieser Biester,
manche meinten, wie ein Geliebter
dürfte er sich alles bei ihr erlauben,
sie müßte endlich ihr Gehirn gebrauchen.

Schließlich war es nicht das erste Mal,
daß er weg und wieder angekrochen kam,
weil jemand ihn aufgegriffen,
und dann riefen

sie teils belustigt, teils ärgerlich an,
damit sie ihn abholen kann.
Nun, der Anruf der Frau aus „Weilen
unter den Rinnen", sie brauche nicht eilen,

denn er sei bei ihr nicht nur einmal
und fast schon so etwas wie ein Gemahl,
hier bei ihr gut aufgehoben,
sein Benehmen sei zu loben.

Sie fluchte, dachte an Kastration,
ein Denkzettel, das hätte er dann davon!
Kaum hatte sie den Motor abgestellt,
wurde auch schon die Auffahrt erhellt.

Die junge Frau stand lächelnd in der Tür.
Sie dachte: „Gleich werd ich zum Tier."
Da kam er auch schon angelaufen,
tänzelnd, es war zum Haare raufen,

wer kann diesem Blick schon böse sein?
„Kommen Sie doch bitte rein!
Denn die Turteltäubchen sind heute
Eltern geworden von einer kleine Meute

Hundekinder, eins schöner als das andere,
und wir sind dadurch fast Verwandte."
Die Mama Hündin lag ausgestreckt
auf einer Decke, Samson leckt

ihre Schnauze, die Babys Ebenbilder
vom Papa, unverkennbar seine Kinder.
Die Liebe zwischen den Hunden,
ihre Treue zeigen sie unumwunden.

Vaterlandsliebe auf Abwegen

Sie benutzen teils andere Namen,
schwenken Fahnen,
wollen die alte Zeit zurück,
nur dort empfinden sie Glück.
In Recht und Ordnung
sehen sie Genugtuung
für ihren Schmerz,
den ihr seelenloses Herz
ihnen bereitet,
Kälte verbreitet.

Sie nennen Demokraten
Lügner und raten
zur Abkehr der Verräter
ihrer Vorväter.
Dabei ignorieren sie geflissentlich,
Heimat ist auch mütterlich.
Frauen wie Männer
sind die Geister der Länder,
Ruhm, wenn schon zu vergeben,
kann nur beiden gehören.

Doch auch hier zählt
nicht die Berühmtheit,
sondern Liebe, die Gefühle
der Einmaligkeit, der Güte.
Ihr seid Narren bloß, tanzt
mit eurer Ignoranz
alle Werte an die Wand.
Nur Unmündige, laut Kant,
geifern nach dem alten
Gesagtem, neue Gedanken,
selbständig erdacht,
sind nicht eure Sach.

Wahre Charaktere
brauchen weder Ruhm noch Ehre,
noch Stolz, noch Vaterlandsliebe,
sie sind keine Betrüger und Diebe
der Heimat Schätze,
sie leben die Werte,
müssen nicht darauf verweisen,
sie seien die Weisen.

Nicht der Respekt vor einer Nation ist wichtig,
sondern vor Mensch und Tier, ansonsten wird alles
nichtig.

Verwerflichkeit hat mich eingeholt

Die Verwerflichkeit hat mich eingeholt,
trotz Wissen, Weisheit, Hunger, kein Brot.

Hab die Spiele mit Leidenschaft gespielt.
War stets der Kämpfer, dem Sieg obliegt.

War willkommen auf vielen Feiern und Festen,
konnte Reden schwingen ohne viele Gesten.

Texte formuliert, Strategien entwickelt, gelächelt,
wenn genervte Kunden über dies und das gestänkert.

Mein Platz war stets bei den Mutlosen, Trost gespendet,
das Spiel erklärt, manch böses Schicksal abgewendet.

Ich wurde hofiert, abgeworben, herzlich empfangen,
Job gemeistert, Leistung erbracht, von alleine gegangen.

Manchmal hab ich die Familie tagelang nicht gesehen,
Überstunden, Verantwortung, Termine im Kalender stehen,

die waren wichtig, das Spiel lief, keiner gibt den Ball ab,
bevor die Abschlüsse sind unter Dach und Fach.

Irgendwann waren die Familie, Freunde und Kollegen weg,
Krankheiten schlichen sich ein, das Zuhause wurde das Bett.

Als Körper und Geist wieder geheilt, war fast alles dahingerafft
von meinem ehemaligen Fleiß, an Materiellen erschafft.

Das einst gegebene Geld, die bedingungslose Liebe,
war vergessen, man vertrieb mich, es trafen mich Stockhiebe

voll Ignoranz, Verleugnungen, Lügen, Verständnislosigkeit,
kein Schulterklopfen, kaum einer mehr zum Händedruck bereit.

Begegnungen auf der Straße bewegten viele zum Seitenwechsel,
andere, die mich zu spät bemerkten, schenkten ein müdes Lächeln.

Meine neue Heimat, der Park am See mit angrenzendem Wald.
Ich lebe von der Hand in den Mund, manchmal von Flaschenpfand.

Meine Verwerflichkeit war Ehrlichkeit, Kompetenz, Toleranz,
Verhandlungsgeschick, meine Ernte Häme und Arroganz.

Sie wollten in mir auch mal den Verlierer sehen,
wollten selbst allein auf dem Gewinnertreppchen stehen,

wollten meinen Charakter durch ihren Haß, Verhalten entblößen,
vergaßen, Persönlichkeit kann in Reichtum und Armut leben.

Was kann ein Mensch dafür

Was kann ein Mensch dafür,
geboren im Krieg,
noch kein Verstand,
nur Gefühl für Sorgen,
versteckter Sprache,
gehortete Gespräche,
wie die Schinken, der Speck,
die Einmachgläser
im Keller,
zwischen den Steinen,
was konnte Sieglinde,
vom Pfarrer bei der Taufe
ungefragt Adolpha mit
ins Taufbuch geschrieben,
was konnte sie anders,
als das Wesen ihres Bruders
in sich aufzunehmen?

Friedrich, der fünfte Bub,
Nachzögling, drei Jahre vor ihr
geboren, kein Wunschkind,
wieder ein Bub,
obwohl schon viere davor,
von allen Fredi genannt,
ein blondroter Sonnenschein,
wußte immer zur richtigen Zeit,
still zu halten,
seine besonnene Art
konnte sogar das Herz der
Großmutter erweichen.

Keine Zeit des Kümmerns,
Überleben hieß Nahrung
erwirtschaften, der Hof
war groß, alle Hände hatten
zu tun, Fürsorge, Mitleid
gab es nur in kleinen
Portionen.

Was kann ein Mensch dafür,
geboren im Krieg,
noch kein Verstand,
nur Gefühl für Sorgen,
versteckter Sprache,
gehortete Gespräche,
Fredi, kein Atmen ohne ihn,
eine Tochter, gewünscht,
doch zu spät geboren,
im Krieg nicht gewünscht?
Was soll werden, vom Vater
keine Nachricht mehr,
vergrämte Oma,
kraftlose Mutter,
jeder hat sein Bündel
zu tragen, Bomben
fielen, ohne zu fragen,
ob alle rechtzeitig
in Sicherheit,
Fredi war stets
Lindes sicherer Hafen?

Er übernahm alle Pflichten,
gab Liebe zum Atmen,
formte Gefühle
zu Worten, brachte sie
zum Lachen, hielt ihre
Ohren zu, wenn Bomben
mal nah, mal in der Ferne
auf den Boden krachten.
Auf dem Feld legte
er sich über sie, im
Keller wiegte er sie.
Er forderte sie auf zum
Laufen, langsam seinen
Schritten folgen, bald
konnte sie rennen,
ohne zu stolpern.
Was kann ein Mensch dafür,
wenn sein Leben gerettet,
sein anderes Sein dafür,
für immer verloren?

Der Spätsommer überflutete
mit warmen Licht und
sanftem Wind den Tag.
Er hielt sie an der Hand
auf dem Weg zum Feld,
zur Mutter, zur Oma,
da läuteten die Glocken,
da heulten Motoren,
da lag sie im Graben
geborgen wie in Mutters
Schoß.

Was kann ein Mensch dafür,
die Wärme zu spüren,
den Abschied am Grab,
zu frieren,
die Trauer der Mutter,
kein Flehen streichelt
die Erde fort,
die karge Erde, die Fredi
bedeckt für immer?

Für Linde kein
Platz daneben.
Was kann ein Mensch dafür,
zu leben in Dankbarkeit,
zu fühlen den Verlust,
für immer bei Fredi zu sein,
sein Atmen zu spüren,
seine Wärme zu fühlen?
Was kann ein Mensch dafür,
Sieglinde, Friedrich?
Linde und Fredi,
was könnt ihr dafür?

Wenn der Rahmen runterfällt

Wenn der Rahmen runterfällt,
die Wand noch das Bild festhält.
Habe ich noch Zeit zu reden
oder war's das dann gewesen?
Schlittschuhlaufen auf dem See,
die Schuhe zu klein, armer Zeh.
Kirschen klauen, was ein Spaß,
Kindheit, die ich längst vergaß!

Wenn der Rahmen runterfällt,
die Wand noch das Bild festhält.
Gibt's noch etwas zu sagen,
oder bleiben übrig all die Fragen?
Schulbrote liebevoll geschmiert,
doch oft nicht mal angerührt.
Flaschenkreisen auf den Feiern,
erste Küsse, danach reiern.

Wenn der Rahmen runterfällt,
die Wand noch das Bild festhält.
Gibt es wirklich noch Sachen,
über die wir jetzt zusammen lachen?
Im Winter der Rauch der Schornsteine,
die Dampflok fuhr, ach, nicht daß ich weine.
Sobald es dunkelt, zu Hause sein,
wie oft gehaßt, das war gemein.

Wenn der Rahmen runterfällt,
die Wand noch das Bild festhält.
Sind auch alle gut versorgt,
kein Mitleid geborgt?
Hab nie alles mögen essen,
Geschmack von Quitte unvergessen.
Etwas hat uns zueinander geführt,
Zufall, Schicksal, bin immer noch gerührt.

Wenn der Rahmen runterfällt,
die Wand noch das Bild festhält.
Du bist immer so liebevoll nah,
wir finden uns wieder, alles klar?
Ich hab dich vermißt,
da kannten wir uns noch nicht.
Nein, häng den Rahmen nicht mehr auf,
schad um den Nagel, ich find schon raus.

Wenn Wörter tanzen vor Glück

Wenn Wörter tanzen vor Glück,
das sie verstanden.
Werden.

Wenn Wörter tanzen vor Glück,
kein Geheimnis.
Sie umgibt.

Wenn Wörter tanzen vor Glück,
keine Erklärung mehr.
Vonnöten ist.

Wenn Wörter tanzen vor Glück,
Wahrheit spricht.
Lüge weicht.

Wenn Wörter tanzen vor Glück,
kann Trauer.
Zu Hoffnung werden.

Wenn Wörter tanzen vor Glück,
Duft von Blumen.
Sich ausbreitet.

Wenn Wörter tanzen vor Glück,
Regenbogen schimmert.
Gewitter vertreibt.

Wenn Wörter tanzen vor Glück,
hat ein Wort es.
Auf den Punkt gebracht.

Wenn Wörter tanzen vor Glück,
sättigen die Silben.
Dein Ich.

Wenn Wörter tanzen vor Glück,
Geheimnisse erklären sich.
Auf einen Blick.

Wenn Wörter tanzen vor Glück,
sagt ein Wort.
Ein ganzes Buch.

Wenn Wörter tanzen vor Glück,
macht Nafia Pause.
Und sie können endlich ruhn.

Winter 2013-2014

Guck mich nicht so scheel an,
ja, ich bin ein Schneemann.
Sicher bin ich nicht perfekt,
die Augen mit Steinen ersetzt,
keine Karotte ziert die Nas,
sie besteht aus Bruchglas.
Auch ist mein Bauch nicht rund,
ich nehm's nicht krumm.

Auf dem Kopf hab ich kein Hut,
ein Eimer, so ist´s auch gut.
Mein Mund ist ein Stecken,
drum sabber` ich beim Sprechen.
„Ich bin ein lila Kaninchen
und fresse Schnee am liebsten."
Ja, ich geb´s schon zu:
Ich bin aus Matsch, Mann.

Wir zusammen

Wenn ich euch erzähle,
wieviele Tränen ich vergossen habe,
weil ich Prügel bezog,
sollt ihr nicht weinen.

Wenn ich euch erzähle,
wieviele Tränen ich vergossen habe,
weil ich ausgenutzt wurde,
sollt ihr nicht weinen.

Wenn ich euch erzähle,
wieviele Tränen ich vergossen habe,
weil ich diskriminiert wurde,
sollt ihr nicht weinen.

Wenn ich euch erzähle,
wieviele Tränen ich vergossen habe,
weil meine Liebe mißbraucht wurde,
sollt ihr nicht weinen.

Wenn ich euch erzähle,
wieviele Tränen ich vergossen habe,
weil Schmerzen mich plagten,
sollt ihr nicht weinen.

Einige dieser Tränen sind längst getrocknet,
viele sind zu einem Ring angeschwollen,
umgeben mich als Schutzwall,
diese Tränen sind mein Besitz.

Wenn ich euch aber erzähle,
wieviele Tränen ich vergossen habe,
ob der Ungerechtigkeit,
ob der Empathielosigkeit,
ob der Mißgunst,
ob des Hasses,
das seit Jahrhunderten
die Menschen in arm und reich,
in würdig und unwürdig
einteilt,
dann, ja dann will ich,
daß ihr weint,
mit mir gemeinsam weint,
damit all unsere Tränen
endlich die Dämme
einbrechen, die bis jetzt
verhindert haben,
zu erkennen,
wir alle sind umgeben vom Tränenmeer,
und deshalb sind wir alle gleich.

Wut in Mut gestählt

Den Rücken getrimmt,
meine Wut in Mut gestählt.
Die Schultern gekrümmt,
Zehen auf Spitze gestellt.

Den Körper nicht nur ein bißchen,
hab Arme, Schenkel, Bauch trainiert,
den Göttern der Muskeln, des Wissens,
stunden-, tagelang hofiert.

Bin nicht nur gerannt,
auch gesessen,
gelegen an der Bettkant,
habe Bücher gefressen.

Mein Spiegelbild, erschreckt,
erkennt mich nicht wieder,
dreht sich weg,
sucht ein anderes Gegenüber.

Eure Sprüche, euer Necken,
„Kannst dich hinter einer
Bohnenstange verstecken",
ist jetzt im Eimer.

Bin zwar immer noch dünn,
doch zäher, mutiger als früher,
mit Muskeln im Körper und Sinn.
Die Wut längst nicht mehr Führer.

Zeit totschlagen bedeutet, Zeit zu befreien

R: Sie wissen, wessen Sie beschuldigt werden?
T: Ich habe die Zeit totgeschlagen.
R: Sie gestehen also?
T: Meistens habe ich wohl gesessen und ich stehe aufrecht bequem.
R: Wie bitte?
T: Die Zeit kann nichts dafür, es ist das Datum, das sich aufdrängt.
R: So oder so, Ihnen ist klar, daß Sie sich eines schweren Verbrechens schuldig gemacht haben!
T: Der Verbrecher ist das Datum, sie hat mir ständig im Nacken gesessen.
R: Datum kann nicht im Nacken sitzen.
T: Zeit ist endlos, Datum ist endlich, das Datum bringt sich immer selber um.
R: Laut Aktenlage haben Sie nichts getan.
T: Ja.
R: Nicht morgens aufgestanden, nicht zur Arbeit gefahren, keine Termine wahrgenommen.
T: Ja. Ich habe nichts getan.
R: Sie gestehen also, die Zeit totgeschlagen zu haben.
T: Meistens habe ich wohl gesessen und die Zeit an mir vorüber ziehen lassen.
R: Aber Zeit ist kostbar!
T: Das isses.
R: Wie bitte?

T: Die Zeit ist zu kostbar, um sie zu vergeuden, deshalb habe ich sie auch nicht festgehalten, sondern habe ihr die Freiheit gegeben, zu tun und zu lassen was sie will. Sie nennen es Zeit totschlagen, ich nenne es: Zeit leben lassen.

Zinnoberrote Küsse

Mittägliche Sonnenstrahlen
erleuchten den Park,
schnatternde Enten
bewachen den See.

Befremdlich wirkend,
unsicher stehen sie da,
zinnoberrote Küsse
auf ihren Lippen.

Ihre Wege kreuzen
sich schon ewiglich,
er kommt von Norden,
sie von Westen.

Beachtung des anderen
gab es nicht,
bis vor kurzem
ihre Blicke sich öfter trafen.

Er sprach sie flapsig an:
„Wen haben wir denn da?"
Damit war der erste
Damm durchbrochen.

Der erste Kuß war
gelblich noch,
mit Furcht und Zweifel
genossen.

Sie wußten, jetzt
passiert, was
unvermeintlich war,
der erste feuerrote Kuß

umfängt ihre Lippen,
erfaßt das Herz,
wie ein Sturz von den Klippen,
sie halten sich ganz

fest, um nicht in eine
bodenlose
Unendlichkeit
zu stürzen.

Zugfahrt

Ja, ja, es wird spannend, komm her, setze dich nur,
siehst du das Glänzen, Leuchten der neuen Spur?
Auch die alte Strecke erhielt neue Gleise,
drei neue Tunnel gebaut, das war sehr weise,
verbinden jetzt die Bahnhöfe miteinander,
so kommst du bequem von hier nach Mittweida.

Sicher, die Namen der Orte sind nicht treffend,
denn man muß die Realität nicht nachäffen.
Vor jedem Tunnel dampft und pfeift die Lok,
das Licht springt an, das siehst du gleich noch.
Längs der Strecke wurden Häuser erneuert,
Bäume gesetzt, Bäche umgeleitet, gescheuert,

die alten Signalmasten, Schranken repariert,
Viecher auf die Weide platziert, Straßen betoniert.
Es hat lange gedauert, keine Kosten wurden gescheut,
schließlich wurde Rom auch nicht an einem Tag erbaut.
Die Geldmittel, sie wurden gegen Schluß etwas knapp,
trotz Kauf der drei Züge mit Waggons hat es geklappt.

Sind sie nicht makellos, können herrlich fauchen?
Diese Lok läßt es aus dem Schornstein rauchen.
Im Tender liegen echte Kohlen obenauf,
in den Waggons, alles im Original nachgebaut.
Wart's nur ab, gleich wirst du staunen,
die Kamera führt dir die Strecke vor Augen.

Noch schnell die Fahrkarten für uns abstempeln,
damit der Computer den richtigen Film kann einblenden.
Die Brille setze auf, ein Wunderwerk der Technik,
wir fahren von Hirzenhain über Mittweida nach Kettwig.
Na, gefallen dir die sanften Hügel, das Grün der Wiesen?
„Ja, aber besonders die Frauen, die sich räkeln auf den Liegen!"

Zwielicht der Romantik

Das Licht der Kerze auf dem Tisch verströmt
dieselbe fahle mystische Atmosphäre
wie der Vollmond, der sich am Himmelszelt
hoch oben seinem Schicksal ergibt.

Er, der sich von der brotlosen Kunst
ernährt, steht lächelnd im Wohnzimmer
über die Zwiespältigkeit, Zwielichtigkeit
der Romantik, des Mondlichtes nachsinnend.

Da sitzen sie, die Verliebten, draußen im Freien
oder zuhause bei Wein, Kerzenschein,
flüstern sich ihre ewige Liebe zu,
in Stein gemeißelt, im Baum geritzt,

unvergänglich der Moment, der Augenblick
soll bleiben für immer, ein Leben lang,
kein Schicksal sie mehr trennen kann,
furchtlos trotzend im Dämmerlicht,

wohl wissend, bald wird es wieder hell,
das Licht ist nur für Minuten abgestellt,
die Nacht weicht unbarmherzig dem Tag,
höhere Gewalten liegen ab nun brach.

Ist es des bleichen, trüben Zwielichts Schuld,
das Träumen von ritterlichen Romanzen?
Welch Narren, verführt durch Dichter Kunst,
verklärte Liebesbotschaften ersannen,

um all das furchtbare Kriegsgeschrei,
die sinnlose Moral, verlogenes Ehrbewußtsein,
die nicht für alle geltenden Tugenden
den albtraumhalten Schrecken zu nehmen.

Sollte er, der Dichter, sich für die Kunst schämen,
für den Versuch, die Chimären zu zähmen,
für die Täuschung vom immerwährenden Glück,
dem Mondlicht ähnelndem pastellenen Fallstrick,

der allen Farben, allen Wesen nur die Umrisse
in gedämpften, blassen Tönen als Einblicke gibt?
Sein lautes dröhnendes Lachen durchströmt
das Haus. Wurde nicht nach Römern die Romantik

im weitesten Sinne benannt, in Erinnerung
an jene Tage, als die wackeren Eroberer
in den dunklen kalten Gefilden des Nordens
sich durch schaurig Herzschmerz verbreitende,

erwärmende Geschichten, von bella mia,
mia casa, ihren kargen Tagesablauf versüßten?
Gelten sie nicht deshalb bis zum heutigen Tag
als die feurigsten Liebhaber? „Viva Italia!"

"Francesco, Luigi, Carlos, che diavolo ci fai lì?
Du brauchst den Mond nicht so laut anzuheulen!"
„Oh, Bella, er hat, ob du es glaubst oder nicht,
meinem Gedicht gerade gegeben den letzten
Schliff."

In Erinnerung an
Franziska und Karl Josef.
Die Gedichte wären
ohne sie nie
geschrieben worden.

Auch bei Books on Demand (BoD) erschienen: